图1

思维导图复习讲座的教案

将讲座上讲授的内容思维导图化，通过将重要的项目画在中心位置，可以使其重要度更加明确，有利于对信息进行取舍，使讲座内容更加生动、吸引人。

图 2

小学四年级学生的"作文草稿"

通过描绘主分支，促进发散性思考。

图3

关于记忆术

对有效的记忆方法进行整理的思维导图。

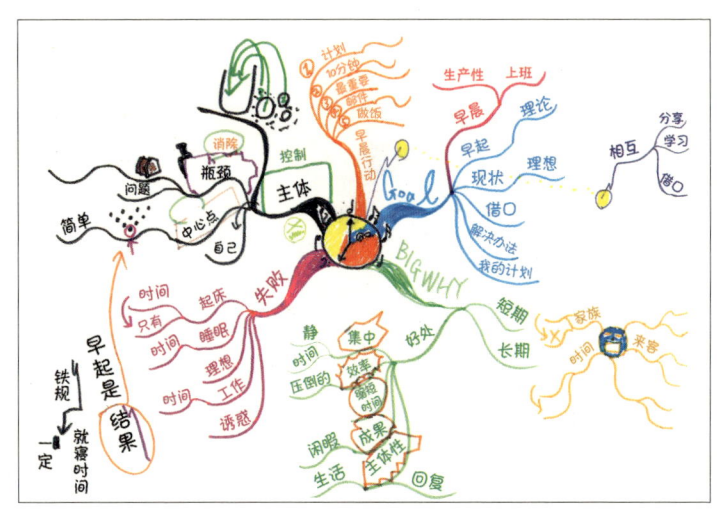

图 4

讲座内容

对讲座内容进行整理的思维导图。在绘制思维导图的过程中,加深对讲座内容的印象。

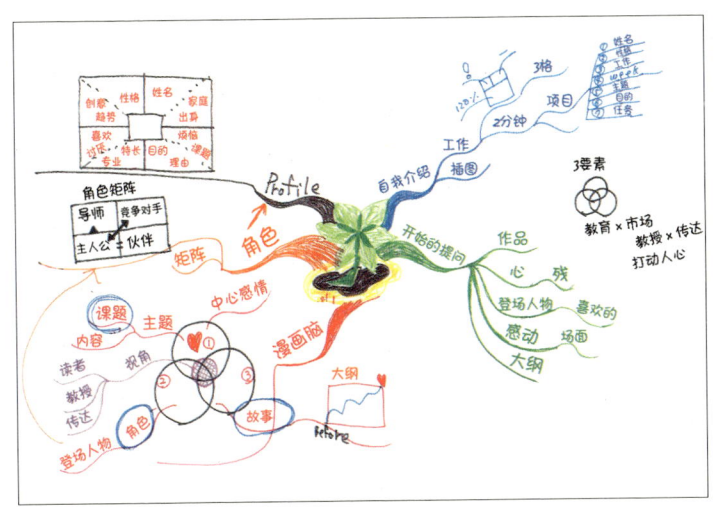

图 5

讲义记录

对讲义进行整理的思维导图。可以对讲师说过的话、资料、板书进行整体的整理，加深对讲义内容的记忆。

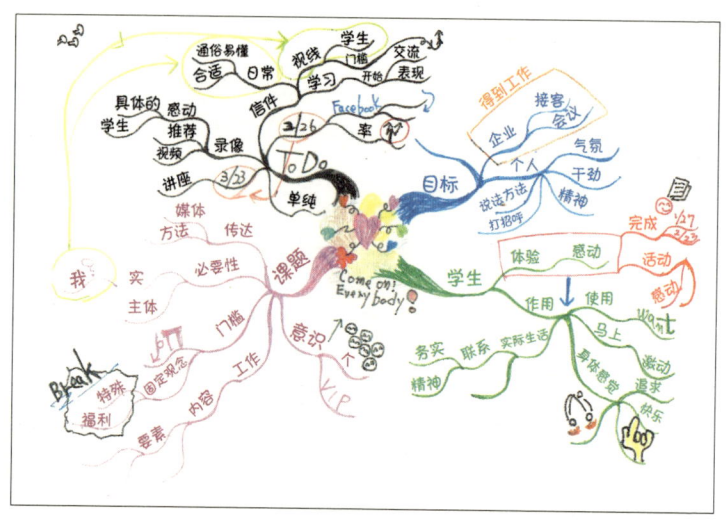

图6

联动讲座会议的发言内容资料

以想到的内容为中心,不分先后顺序逐一列出项目。将思考的内容导图化之后,可以使各个项目之间的关联性一目了然,而且可以增加发言的分量。

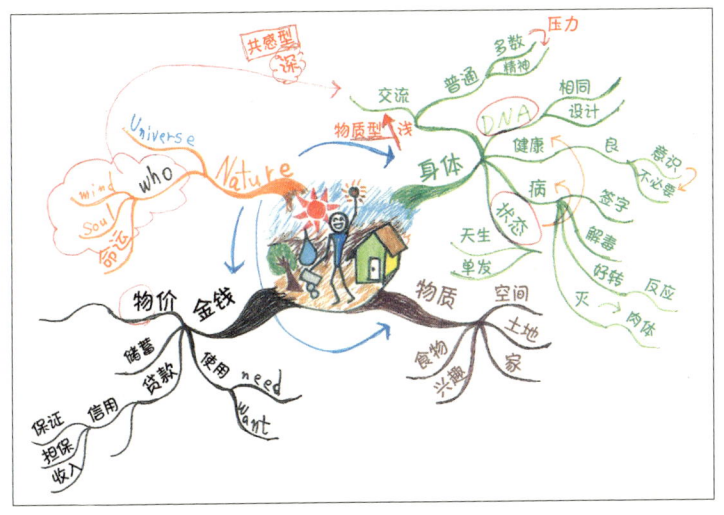

图 7

整理思考的笔记

将自己的思考整理成思维导图，既可以使思考多元化，还可以使思考的重点和问题点凸显出来，让思路更加清晰。

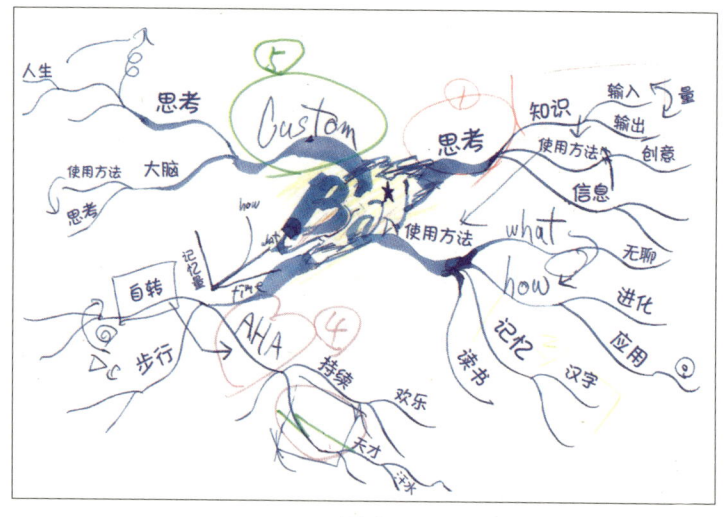

图 8

本书的创作笔记

将本书的创作思路整理成思维导图,没有按照时间顺序和项目顺序进行排列,而是根据创作要素的重要性和相关性自由地发挥想象。在创作的过程中,这份笔记可以帮助我从整体的角度把握文章的内容。

聪明人都在用的笔记术

天才のノート術連想が連想を
呼ぶマインドマップ®＜内山式＞超思考法

[日] 内山雅人 / 著　朱悦玮 / 译

北京时代华文书局

图书在版编目（CIP）数据

聪明人都在用的笔记术 /（日）内山雅人著；朱悦玮译. — 北京：北京时代华文书局，2022.1
ISBN 978-7-5699-4491-4

Ⅰ. ①聪… Ⅱ. ①内… ②朱… Ⅲ. ①思维方法 Ⅳ. ①B804

中国版本图书馆CIP数据核字(2021)第256070号

版权合同登记号 图字：01-2021-0819

TENSAI NO NOTE JUTSU RENSOU GA RENSOU O YOBU MINDMAP® <UCHIYAMASHIKI> CHOUSHIKOUHOU
© Masato Uchiyama 2015
　All rights reserved.
　Original Japanese edition published by KODANSHA LTD.
　Publication rights for Simplified Chinese character edition arranged with KODANSHA LTD. through KODANSHA BEIJING CULTURE LTD. Beijing,China.
本书由日本讲谈社正式授权，版权所有，未经书面同意，不得以任何方式做全面或局部翻印、仿制或转载。

聪明人都在用的笔记术
Congmingren Dou Zai Yong De Bijishu

著　　者｜[日]内山雅人
译　　者｜朱悦玮

出 版 人｜陈　涛
选题策划｜樊艳清
责任编辑｜樊艳清
执行编辑｜王凤屏
责任校对｜陈冬梅
装帧设计｜元明设计　孙丽莉
责任印制｜訾　敬

出版发行｜北京时代华文书局 http://www.bjsdsj.com.cn
　　　　　北京市东城区安定门外大街138号皇城国际大厦A座8楼
　　　　　邮编：100011 电话：010-64267955 64267677
印　　刷｜三河市嘉科万达彩色印刷有限公司　电话：0316-3156777
　　　　　（如发现印装质量问题，请与印刷厂联系调换）

开　　本	880mm×1230mm　1/32	印　　张	6.75　字　　数	114千字
版　　次	2022年3月第1版	印　　次	2022年3月第1次印刷	
书　　号	ISBN 978-7-5699-4491-4			
定　　价	38.00元			

版权所有，侵权必究

前　言

现在几乎每一个日本人都会做笔记。

从小孩到大人，每个人都随身携带各种各样的笔记本，在必要的时候随时进行记录。

笔记已经成为人们工作、生活中不可或缺的工具。

你认为自己做笔记的方法是正确的吗？

对有的人来说，笔记只不过是"将在意的事情记录下来，让自己感到安心的工具"。

还有的人"事后再翻阅的时候连自己都看不懂上面写的是什么"，或者"连写在什么地方都忘记了"。

笔记常用于以下情况：

"需要将重要的内容记录下来的时候。"

"将上司的指示记录下来以免忘记的时候。"

"想要解决什么问题的时候。"

"记录板书内容的时候。"

"做会议记录的时候。"

"给报告打草稿的时候。"

在公司里进行讨论的时候,经常有人掏出笔记迅速地做记录,这样的场面是不是很常见呢?

但绝大多数的人做笔记的方法都是"从上到下、从左到右"逐行记录。

而且几乎所有人都只关注"写什么",而不关注"怎么写"。这也是情有可原的,毕竟从学校到公司,除了前面提到过的那种书写方法之外,再也没有人教过我们其他做笔记的方法。

虽然这种做笔记的方法乍看起来"干净整洁",但实际上却完全无法激发大脑的记忆力、整理力,也难以引发丰富的联想,是一种非常没有效率的方法。

也就是说，我们日常习惯的记笔记的方法，是无法充分激活你自身能力的错误方法。

你认为自己做笔记的方法是正确的吗？你之所以无法立即做出"是的"的回答，正是因为你在潜意识中其实也意识到了存在的问题。请从现在开始丢掉那些所谓的"常识"吧。做笔记不是机械地书写和记录。笔记是激活思考、引发创意、发掘人们潜在才能的工具。

人生就是不断思考的过程。

笔记，就是对无限的思考进行审视的工具。

看到自己之前写下的内容，能够引发更进一步的思考，然后再写下新的内容，再引发新的思考……就这样不断地循环。

做笔记这种行为对你大脑的思考以及生活方式的影响，远远超出你的想象。

我可以肯定地说，只要改变做笔记的方法，就能改变你的人生。

正确地做笔记，会使你的头脑变得更聪明，会使你的人生变得更幸福。如果你从没有认真地思考过做笔记的方法，那真是非常可惜。

思考方法会影响你的生活方式，这种看待事物的方法也被称为"思维模式"。简单地说，就是一个人的思考习惯。

比如现在有一个杯子，里面装了半杯水。

在看到这个杯子之后，有的人会习惯性地认为"只剩半杯水了"，还有的人则认为"还有半杯水"。这两种人之所以会有不同的看法，就是因为思维模式不同。

可以说一个人的思维模式决定了他的思考方法。

如果你能够保证自己拥有正确的思维模式，并且将其应用于提高笔记的品质上，那么你的笔记就不再只是单纯的记录，而是进化为帮助你自由发挥创意的工具。

本书把将人类与生俱来的大脑能力自然而然地充分发挥出来的思考方法称为"自然思维模式"。当你处于这种状态的时候，你的大脑会以一种非常自然的方法工作，使你写出充满个性的笔记，并以此为基础发展出令人惊讶的创意。

让每一位读者都能够写出这样的笔记，就是本书最大的目的。

与此同时，你还能够从固定观念的束缚之中挣脱出来，获得快乐的生活方式和思考方法。

你之所以没有掌握正确的做笔记的方法，其实是有原因的。

因为这个社会的教育就是与"HOW"（如何）相比更重视"WHAT"（是什么）的"结果主义"教育。

从战前到战后以及经过高速成长时期的日本，一直都将战争胜利、经济恢复与发展等结果作为取得幸福的条件。因此，与提出创意相比，取得老师或上司要求的结果更加重要。在这样的社会环境下，个性化的思考完全是多余的，所有人都必须服从命令。就连做笔记也只是记录老师或讲师的板书，不需要思考其他的内容，只要机械地记录即可。

但现在时代已经发生了改变，人们开始意识到与众不同的价值。越来越多的人开始追求自己的个性。推动这个世界前进的体制也发生了巨大的变化。

尤其在经历了长期的经济低迷和连续的自然灾害之后，人们越发地将注意力转向各自的价值观，并且对相互之间的顺利交流更加重视。

即便如此，学校和企业之中的思维模式却仍然保持着传统的"结果主义"。

我曾经在公立学校担任过 17 年的教师。但后来我主动提出辞职，现在通过讲座和演讲的形式传授全新的学习方法，来参加我讲座的听众超过 3 万人。

坦白地说，我从小就对写字和画画很不擅长，对做笔记更是头疼。我做笔记的速度非常慢，即便现在，我也做不到一边听别人说话一边做文字记录（我写的字就连小孩子看到了都会笑话我）。

虽然我大脑运转的速度也不算快，但我做笔记的速度还是跟不上大脑运转的速度，这曾经让我感到非常苦恼。

但在成为老师之后，我发现很多孩子都和我一样有这样的苦恼。

我为了寻找正确使用大脑的方法吃了不少苦头，而且任何一种方法都离不开"笔记"——也就是书写这种行为。这对于本来就不擅长写字的我来说，完全是一种折磨。

我尝试了无数种方法，但每一种方法都在做笔记的时候宣告失败，结果我的笔记本一直都是一片空白，完全没有留下任何思考的痕迹。

就在这个时候，我遇到了大脑与学习领域的权威——思维导图的开发者东尼·博赞。同时，我也与博赞的著作《思维导图》的翻译者神田昌典在其他领域有一些合作。

这次邂逅彻底改变了我的人生。

现在正在看这本书的读者，或许对思维导图已经有一定的了解，这是一种将主题放在中心位置，然后呈放射状展开思考的方法。

在接受了思维导图的训练之后,我感觉大脑一下子变得轻松了,就好像卸下了一直背在身上的重担,就好像从刺耳的噪声之中解放出来一样。

直到现在,我仍然清楚地记得自己当时发生的转变。

"通过学习思维导图,我做笔记的速度终于跟上了思考的速度。"

这就是我从困扰了自己几十年的苦恼之中解脱出来的感受。

在此之前,我一直想让自己的字写得更漂亮一些,但在学习思维导图的理念之后,我意识到不管字写得是否漂亮,只要能做出有自己特色的独一无二的笔记,也是一件很了不起的事情。

"原来如此,就是这样。"

我终于亲身体验到了"自然思维模式"。

后来,我获得了东尼·博赞亲自授予的高级讲师资格证书,开始将推广思维导图作为自己的工作。

我走遍全国,为学生以及教师做讲座,同时还培养讲师。

我自己举办的演讲也吸引了大量听众前来。

人在认识到自己真正的个性和激发出潜在的能力之后，就会产生自信，并发挥出强大的力量。如果能够让社会之中出现越来越多这样的人，那么每一个人都会变得更加幸福。

我出版本书的目的，就是为了让大家掌握通过思维导图来做笔记的方法，帮助读者实现自我成长、扩大自由思考的范围。

思维导图是东尼·博赞根据达·芬奇、爱迪生等天才留下的笔记，经过自己40余年的整理而体系化的思考方法，如今仍然在不断地发展和进化着。

因为这是一种让大脑的运转更加自然和"可视化"的工具，所以只要掌握了这种方法，就能够自然而然地激发出自己的潜能，拥有自然思维模式。

除了对个人有巨大的帮助之外，将这个工具应用于企业或团队之中，可以使组织成员之间产生自由思考的连锁反应和更高品质的创意。不仅如此，组织成员在经历过这样的连锁反应之后，还可能掌握全新的"共鸣交流能力"。

本书将首先从个人的角度出发对思维导图进行说明，然后进一步展开讲述思维导图在组织中的应用。

掌握新知识固然重要，但更重要的是先将你已经拥有的潜力最大限度地激发出来。

只要你按照本书介绍的方法使自己的笔记实现改进，就能够在不知不觉间从束缚你自由思考的"囚笼"里挣脱出来。届时，你将切实地体验到自信由内而外涌出的感觉，并且你与周围人的交流也将产生质的变化。

从现在开始，请彻底丢掉"为了记录别人的思考和信息而做笔记"的固定观念。因为从今往后，一个个创意将接二连三地在你的大脑之中浮现，新世界的大门已经为你敞开。

Mind Map® 以及思维导图® 是 Buzan Organisation Limited 1990 的注册商标。

目 录
CONTENTS

第1章 将思考"可视化"

了解正确使用大脑的方法	002
重视结果会影响自由思考	007
控制记忆与思考的大脑的工作机制	014
左脑与右脑	016
三位一体的大脑	019
没有笔记,思考就会陷入停滞	023
人生比笔算要复杂得多	027
学习天才做笔记的方法	030
从记录到思考工具	032
从单纯的知识积累到提高学习素养	035

第2章 从思考的牢笼之中解放出来的笔记术

用思维导图改变笔记	038
普通笔记的真面目	040
从思考的牢笼之中解放出来	042
灵感来自"天才的笔记"	044
对大脑来说最为自然的笔记方法	046
使用"大脑的第一语言"	048
将知性和五感信息可视化	052
提高记忆力	056
提高整理力	058
拥有俯瞰视角	060
创造自己独一无二的笔记	062
首先从简单的思维导图开始	064
将联想进一步展开	067
激发创意的迷你思维导图	076
自己决定主题	080
绘制完整的思维导图	081

绘制思维导图的有效方法	083
使用丰富多彩的"颜色"	085
描绘"图画"	087
使用"符号"	089
绘制思维导图的技巧	094
自己决定主题	096
"记录"与"创造"	098
发生巨变的小学生	100
思维导图最好"手绘"	109
思维导图软件 iMindMap	112

第3章 能够引发共鸣的笔记术

交流的4个阶段	116
社会是对立型的交流	120
讨论与对话	123
利用思维导图来进行对话	131

从比较轻松的练习开始	134
关于组织愿景的对话	138
关于组织思维导图的建议	142
思维导图的世界咖啡	148
最高级的世界咖啡	151

第4章 带来幸福的思维导图

习惯化带来的"好事"	158
问题学生的改变	159
战胜人生痛苦的著作出版	164
发生在小学4年级学生O君身上的变化	168
习惯指导专家的读书革命	174
在比赛中夺得第一名的乘务员	178
女子赛艇选手的巨大转变	183
后记	191

第1章

将思考"可视化"

了解正确使用大脑的方法

本书为大家介绍的思维导图这个方法,能够使我们的大脑处于"自然思维模式",从而最大限度地发挥大脑的能力。关于思维导图,我将在第二章中进行详细的说明,在本章中,我将首先为大家介绍一些前提内容。

说起"思考力"和"头脑聪明",大家一直以来的认知都是:头脑聪明的人=能够记住很多知识的人。

最近,这种认知却发生了巨大的变化。越来越多的人意识到,仅凭知识量的多少并不能准确地反映一个人的能力。

从今往后,"如何获得知识"和"如何使用知识"的能力变得更加重要。更进一步说,如何将自己拥有的知识和爆炸的信息结合起来,充分且个性化地加以利用,这就是实现自然思维模式的第一步。

思维导图的开发者东尼·博赞很早就为我们敲响了警钟，他认为在积累知识之前，应该首先学会学习、思考、记忆、创造以及解决问题的方法，为了这一目的他开发出了思维导图。

让我们来看一个身边的例子。

比如在汉字考试中有两个孩子取得了满分，这两个孩子分别是 A 君和 B 君。

如果仅从分数的角度来看，这两个孩子的能力是相同的。

如果将焦点集中在"如何掌握这些知识"上，结果会如何呢？

"我反复书写这些汉字，自己进行小测验，经过大约 10 个小时的学习取得了满分。"（A 君）

"我自己想出了一个记忆汉字的方法，只用了 2 个小时就完全记住了这些汉字。"（B 君）

在对这两个人的记忆方法进行比较之后，他们的能力就不再是"相同"的。很明显 B 君的方法更加优秀。

不仅如此,他们两人不同的学习方法对其今后的人生也会产生巨大的影响。

A 君后来在记忆英语单词的时候,也只能花上 10 个小时来死记硬背。但 B 君却可以将自己想出的记忆方法同样应用在英语以及其他科目上。

等他们二人毕业之后走入社会,开始工作的时候,或者面对突发情况需要发挥实践能力的时候……

在如今的时代,你认为什么样的能力是必不可少的、什么类型的人才能够成为优秀的领导者?

按照目前几乎所有学校的考试基准,所有人都会给这两个人做出相同的评价。

因为考试成绩(分数)会决定学生的前途。

所以不仅学生自己,就连老师和家长都在不断地追求分数。

1989 年,文部科学省给出了将教育重点从"学历、分数"

向"学习欲望、态度"转变的指导意见。这样一来,即便有的学生偶尔考出了高分,但如果平时表现的学习欲望和态度不高,也无法取得综合高分。

本以为这样做可以使学校教育更加重视提高学生的思考力和思考积极性,但结果却事与愿违。

很多学生为了取得更高的综合分数,即便没有完全理解问题的内容也积极地举手,只是为了给任课老师留下自己学习态度积极认真的印象。教育评论家尾木直树甚至无奈地表示:"有些私塾告诉学生,为了得到更多的综合分,不管会不会都要举手,万一真被老师叫到的话,就回答说正在思考。"(《东洋经济在线》2014年8月1日)

由此可见,不管怎样改变系统,只要价值观没有改变,最终还是会回到结果至上主义。

传统的日本教育方式只能培养出刻苦学习型的A君,而无法培养出像B君那样能够自己找出更好方法的学生。

大学生在考试的时候利用手机作弊,小学生找枪手完成暑假作业之类的新闻已经屡见不鲜。正因为整个社会都只重视"结果",所以类似的事件才层出不穷。

尽管从伦理道德的角度来说，作弊和代写作业都是必须纠正的错误行为，但我认为只要杜绝作弊和代写作业的教育制度与考评方法没有出现，就无法从根本上解决这样的问题。

重视结果会影响自由思考

A 君和 B 君的区别在于：是否知道正确使用大脑的方法。

以汉字考试为例，A 君的思维模式是"通过大量书写文字来加深记忆"，而 B 君的思维模式则是"首先寻找有效的记忆方法"。

自然思维模式其实就是将一个人与生俱来的能力充分地发挥出来。

别人的成功方法，是只适合那个人自己的自然思维模式，所以单纯地模仿别人的方法或许并不适合自己，自然也无法取得成果。

反之，如果能够自己寻找适合自己的方法，那么思考和行动都会变得更加有趣，你也会喜欢上这个过程。

最终当然是能够取得成果。

真正做到这一点的人会有怎样精彩的人生呢？著名的发明家爱迪生给出了答案。

发明，就是制造出一种前所未有的东西。人类在进行从无到有的创造时最有创造力。

进行过无数次发明的爱迪生的人生，如同一幅色彩艳丽的画卷。

在爱迪生的思考之中，有许多值得我们学习的地方。他的思考方法对我们实现自然思维模式具有极大的参考意义。

"希望能够将刚才听到的声音再听一次"→留声机
"希望能够将刚才看到的画面再看一次"→放映机
"希望将黑夜从地球上赶走"→电灯

尽管这些对现在的我们来说都是理所当然的东西，但在爱迪生那个年代却是异想天开的奇思妙想，或许只有"脑袋有问题的人"才会产生这样的想法。

既然说起爱迪生的故事，我们不妨来探寻一下爱迪生的思维模式。

相信大家都听说过"所谓天才，就是百分之一的灵感加上百分之九十九的努力"这句名言吧。绝大多数的人都将其解释为"勤奋与努力才是成功的关键"。

但实际上爱迪生的本意是"如果没有百分之一的灵感，那么再多的努力都是白费劲"。

我上小学的时候，学校的老师就引用爱迪生的这句名言教育我们"不要耍小聪明，只有坚持刻苦努力才能取得成功"。当时这样的想法可以说是获得大众的高度认可（或许现在也仍然如此）。

在发明电灯的过程中累计失败一万次的时候，爱迪生和助手进行了这样一段对话：

"老板，我们已经失败一万次了，还要继续下去吗？"

"那不是失败，而是我们发现了一万种不能点亮电灯的方法。"

我们常说"从失败之中吸取经验"或者"失败乃成功之母"，但在爱迪生的思维模式之中，根本连"失败"这个概念都没有。即便是不顺利的事态也能让他乐在其中。

爱迪生从小就总是有些千奇百怪的点子，就连他的老师都应付不了，于是爱迪生只上了3个月小学就被劝退了。但他的母亲非常理解自己的孩子，不但没有责备他，还亲自教他学习。爱迪生的母亲曾经这样说道：

"没有经历过失败的成功只不过是偶然的好运气罢了。所以，我从没因为托马斯的失败而训斥过他。"

爱迪生之所以会将"失败"看作"成功"，或许就是受了他母亲的影响。

关于工作，爱迪生这样说道："我不认为工作是一种义务。我是因为感到快乐才工作的。也正因为感到快乐，所以我一点儿也不觉得疲惫。"

据说爱迪生每天工作16个小时，经常废寝忘食。

但并没有人强迫他工作，他完全是因为沉浸在快乐之中而自己主动去工作。

可能很多人都知道爱迪生给我们留下了许多伟大的发

明,但了解他的"生活方式"和"思维模式",也能够给我们带来非常宝贵的启示。

爱迪生的一生,就是在不断地重复"灵感→实验→成功→灵感→实验→成功"这一循环,他一生中成功的发明数量有1 300个之多。

现代脑科学研究发现,当出现灵感的时候,大脑会分泌一种能够使人感觉到快乐的物质——多巴胺。人类为了追求快感,有刺激大脑重复分泌多巴胺的习性。

因此,爱迪生能够不断地将自己的灵感转变为伟大的发明,发明又引发新的灵感,就这样不断地刺激大脑分泌出多巴胺,使自己感到快乐。

让我们来看一个示例。

虽然爱迪生成功地发明了电灯,但当时并不是每家每户都有电。于是爱迪生为了实现水力发电而打算修建堤坝,并为此发明了混凝土。

为了给修建堤坝的工人提供住宿设施,爱迪生发明了预

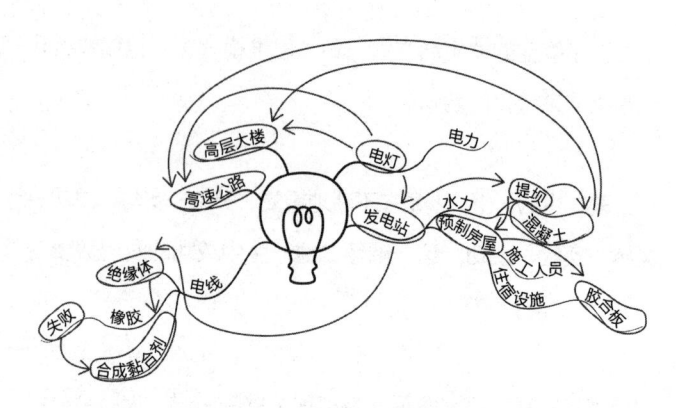

图 1-1 与电灯相关的发明

制房屋以及胶合板。

为了将电力输送到千家万户,电线必不可少。于是爱迪生发明了绝缘橡胶。在发明绝缘橡胶的过程中因为失败带来的灵感,爱迪生发明了合成黏合剂。

随着"电灯使黑夜变成白昼"以及"混凝土"的出现,爱迪生提出了高层大楼和高速公路的构思,并成功地将这些构思变成了现实。

像这样连续不断地产生灵感的才华和能力,仅凭死记硬背和漫无目的的努力是完全无法得到的。

前文中提到过的记忆汉字的例子，B君通过自己发明的方法记忆汉字，还可以将这种方法应用在其他科目上，从而掌握了与爱迪生一样的思考模式。

不仅如此，B君还可以将这种方法应用在自己今后的生活和工作上。

被称为"天才"的人，都不会被现有的概念所束缚，而是通过灵活的思考创造出适合自己的方法，并且将这种思考方法不断地发展与进化。

那么，要如何才能使"思考方法"实现进化呢？接下来我们看一看"大脑"的工作机制。

控制记忆与思考的大脑的工作机制

对日本人来说,"记忆"就是"记住"。但从更广义的范围来说,记忆是"为了支持人类的活动,将信息保存在大脑之中"的行为。

根据这个定义,不仅知识,喜怒哀乐、运动、想象等一切行为的基础都是"记忆"。如果你现在失去了所有的记忆,将会发生什么呢?恐怕就像一台被切断了电源的电脑一样,完全无法做出任何的行动。

从这个角度来看,"你的人生"也可以说是"记忆的集合体"。

常有人说"过去和他人无法改变",但我却不这么认为。因为对你来说,"过去(自己、他人、环境)"不一定表现的就是客观的真实,塑造过去的是你自己的"记忆"。

极端一点儿来说,在这个世界上根本不存在所谓的"真实"。所有的一切都是人类的记忆以及记忆的还原再现。

就连过去无法改变的认知，也是通过"自己的记忆"这个滤镜产生的。

既然如此，只要能够改变自己的记忆，那么不管是"过去"还是"他人"，都是可以改变的。

而控制记忆的方法就是"思考法"。

输入到大脑之中的信息，在经过记忆之后，与大脑之中原有的记忆相结合，最终形成思考。

大脑是人类进行记忆和思考的重要器官。

如果不掌握正确使用大脑的方法，每天都单调地度过，这样的人生未免太乏味。另一方面，如果不知道正确使用大脑的方法，却迫切地想要发生改变，只会使自己感到焦虑和不安。反之，掌握正确使用大脑的方法，则能够使你的人生发生巨大的改变。

左脑与右脑

为了掌握正确使用大脑的方法,首先要了解大脑的构造。

人类对大脑进行比较深入的研究是从最近30年才开始的。

在此之前,人们认为大脑两半球的功能并不分化,而且是能够互换的,罗杰·斯佩里博士(1981年获得诺贝尔生理学或医学奖)却通过"对大脑半球功能分化的研究"证明了上述观点是错误的。从此以后,人们开始关注左脑与右脑在功能上的差异。

人类的右脑与左脑由胼胝体相连,将头盖骨掀开之后,从正上方向下看的话,人类的左脑与右脑就如图1-2所示。这两个部分的主要功能如下:

- ●左脑:语言、数字、线、表、逻辑、分析
- ●右脑:旋律、颜色、形状、地图、感性、想象

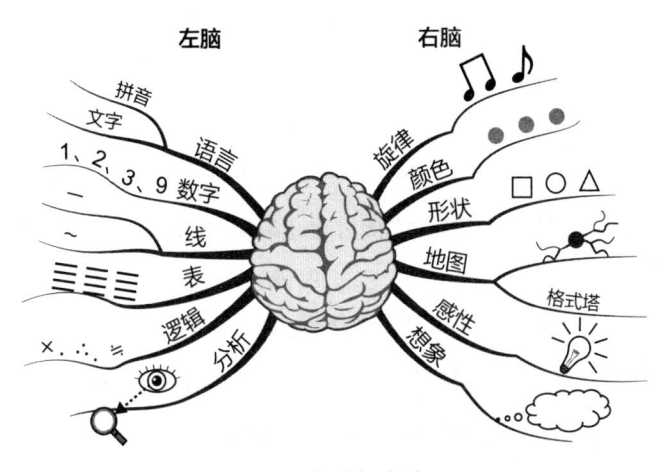

图 1-2 左脑与右脑

人们习惯性地将左脑称为"逻辑脑",将右脑称为"艺术脑"。

因为一直以来日本的学校都重视左脑教育,所以有一段时期忽然出现了强化右脑的热潮。虽然我也不能一概而论地说这样做是绝对错误的,但从追求顺其自然地使用大脑的自然思维模式的角度来看,这种做法并没有什么好处。

而且与强化右脑相比,更重要的是对一直以来重视左脑教育的社会进行审视。

通过小白鼠的实验可以得知,将大脑的某个部分损坏之后,该部分控制的身体功能也会出现相应的问题。因此有人产生"如果对大脑的某个部分进行锻炼,就能够强化相应的能力"之类的想法也没什么好奇怪的。

但问题的关键在于,人体就像一台非常复杂的机器,每一个零件相互之间都有着综合性的影响。

比如一辆汽车,如果某个轮胎坏掉的话,汽车肯定无法正常行驶,必须更换轮胎。

但即便更换了一个非常高级的轮胎,这辆汽车的整体性能就会得到相应的提升吗?恐怕不仅无法充分地发挥这个高级轮胎的作用,还有可能破坏了汽车整体性能的平衡,结果导致出现更多的故障。

人类的大脑也是一样,如果只将目光放在某个部位,只提高某个部位的性能,未必就能够提高整体的能力。

自然而且平衡地使用左脑和右脑才是正确的做法。

三位一体的大脑

如果将大脑纵向切开,结构如图 1-3 所示。

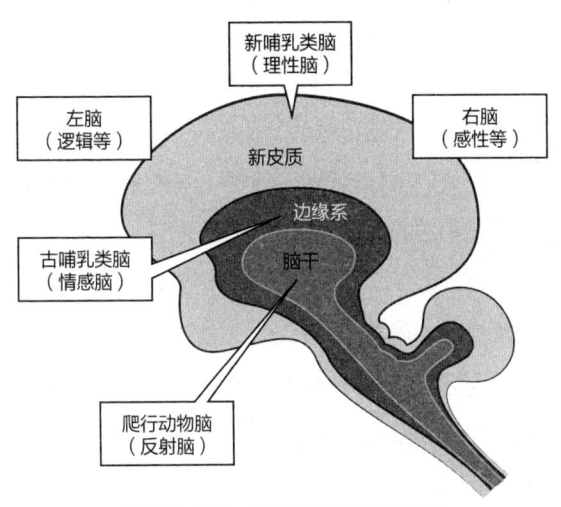

```
        新哺乳类脑
        (理性脑)
左脑                    右脑
(逻辑等)    新皮质    (感性等)
           边缘系
古哺乳类脑   脑干
(情感脑)
        爬行动物脑
        (反射脑)
```

笔者根据保罗·麦克莱恩博士的资料制作

图 1-3 三位一体的大脑

人类的大脑不只有大脑新皮质，保罗·麦克莱恩博士将人类的大脑分成了三个部分，并且将其命名为"三位一体的大脑"。

① 爬行动物脑（脑干）

与脊椎直接相连的大脑部分，负责本能的反射。

包括心脏跳动、呼吸、提问、体液调节、食欲、性欲等原始的本能，与生命有直接关系的功能。

② 古哺乳类脑（大脑边缘系）

位于大脑深处的部分，负责荷尔蒙、免疫系统、感情、欲望等，与记忆相关的海马体也位于这个部分。

③ 新哺乳类脑（理性脑＝大脑新皮质）

负责逻辑与艺术等人类特有的知性活动，位于大脑的最外侧。根据其拥有的作用，我将其称为"人类脑"。

这三个大脑按照爬行动物脑（脑干）→古哺乳类脑（大脑边缘系）→新哺乳类脑（理性脑＝大脑新皮质）的顺序

进化而来，而且相互之间拥有非常复杂的关联性，影响着我们每一天的日常活动。

比如即便你想要进行知性的活动（冷静的逻辑思考），但在遇到地震或者其他突发情况而使你感到异常恐惧的时候，一切的知性活动都会停滞。这是因为人类最古老的大脑——脑干感知到了"或许有危及生命的危险"，于是停止了大脑新皮质的活动。

因此，如果想要让文案工作或学习等知性活动顺利地进行下去，保持脑干处于放松的状态就非常重要。

此外，第一次与恋人约会、亲密的人死亡等大喜大悲的事情也会给人留下深刻的印象。这是因为大脑边缘系控制的感情与人类的记忆之间存在着非常紧密的联系。

如果能够将两者之间的这种特性应用在日常的工作和学习上，就可以有效地提高记忆力。

已经有实践证明，反复书写和阅读来死记硬背的记忆方法不但效率低下，还会使大脑产生巨大的压力。

记忆的方法多种多样,有故事记忆法、感情记忆法等等,也有很多关于提高记忆力方法的书籍,大家一定能够找到适合自己的记忆方法。

没有笔记，思考就会陷入停滞

"思考法"，其实就是支撑人类一切活动"记忆"的方法。了解大脑的使用方法，不但能够提高我们思维模式的品质，还能够使自己的思考方法得到进化。

那么，具体应该怎么做才能提高思考的品质呢？

正如我在前文中多次提到过的那样，关键在于实现自然思维模式思考的笔记方法。

英国《每日电讯报》2014年1月13日有这样一段报道："日本制造的超级计算机'京'，进行了一次使用17.3亿个神经元组成神经元网络的模拟实验，结果表明，只是模拟人类大脑在1秒钟之内活动的1%，也需要花费40分钟的时间。"

由此可见，人类的大脑拥有远超超级计算机的能力。

但这取决于使用的方法。

请看下面这个算式：

$$\begin{array}{r} 4376 \\ \times 6287 \\ \hline \end{array}$$

图1-4

问题："不使用纸和笔，请在10秒后将答案写出来。"你能写出正确的答案吗？

除了心算天才，恐怕没有人能写出答案。

那么我们把问题替换一下。

问题："给你5分钟的时间，不使用纸和笔，在5分钟之后将答案写出来。"

如果是这个条件的话，除了对数学非常头疼的人之外，大部分人应该能够写出答案吧，只不过答案是否正确就另当别论了。

由此可见，即便是如此简单的笔算，如果没有纸和笔的话，也很难算出正确的答案。

让我们再把问题替换一下。

问题："给你5分钟的时间，可以使用纸和笔，在5分钟之后写出答案。"

这样的话，绝大部分人都能写出正确的答案了。

为什么呢？

因为能够按照顺序做笔记。

也就是说，当我们用大脑处理事情（在这个例子中是计算）的时候，整个过程在可视化状态与非可视化状态之间存在着如此巨大的差异。

如果将前面那个算式替换成如下的书写形式，并且可以使

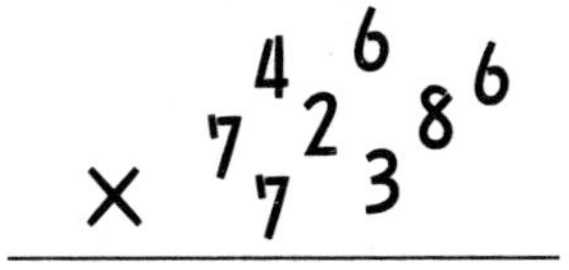

$$\begin{array}{r} 7\,4\,2\,6\,8\,6 \\ \times\ 7\,7\,2\,3\,8\,6 \\ \hline \end{array}$$

图1-5

用纸和笔列出计算过程,你能够在5分钟之内写出答案吗?

我想,恐怕没有几个人能写出正确答案,甚至连这是 4376×6287 的算式都看不出来。

虽然我们的大脑拥有非常强大的能力,但如果大脑认为"看不清楚""看不明白",那么思考的品质就会急剧下降,甚至陷入停滞。

人生比笔算要复杂得多

笔算是解决逻辑问题的方法之一,主要通过左脑的复杂活动实现。

计算的正确答案只有一个,即便算式中的数值改变,问题的本质却是不变的。

在我们的人生当中,像这样经过计算就能够得到正确答案的问题究竟有多少呢?

学校的考试大多是只要经过计算就能得到正确答案的简单问题,而日常生活中遇到的问题则要复杂得多。

- 怎样才能建立起理想的家庭?
- 我毕业的学校真的很好/差吗?
- 孩子的校园生活不太顺利。

- 会议资料整理得不顺利。
- 不知道怎样才能让自己产生自信。

日常生活中类似这样的问题可以说是数不胜数。

诸位读者朋友不妨试着将自己现在拥有的烦恼写出来。

虽然这些问题并不像笔算那样能够得出正确答案,甚至我们不知道将烦恼写出来这种做法是否正确,因为有些问题本就没有正确的答案。

即便如此,我们还是会经常自问"我要怎样解决这个问题",并且坚信"这样做一定没错",然后不断地进行尝试。

这就是人生。

当遇到复杂的问题时,我们总是会习惯性地拿起"笔记本"。

但在这种时候,如果像第二个算式那样,采用了错误的做笔记的方法,恐怕很难得出能够让自己接受的结论。因此,至少应该像第一个算式那样,写出对自己来说容易理解的内容。

当笔记内容易于理解的时候，大脑和笔记之间就会产生较好的效果，使你的思考更加活性化。

反之，则会使大脑的思考陷入停滞。

综上所述，"如何让思考可视化"显得尤为重要。

但遗憾的是，没有任何一个学校教授正确的做笔记的方法。

尽管掌握"符合自己个性的独特笔记术"的人少之又少，但掌握这种正确的笔记方法是实现自然思维模式的必经之路。

学习天才做笔记的方法

那些在历史上留名的天才,大多有自己独特的做笔记的方法。也就是说,他们都拥有自然思维模式。

爱迪生是一个狂热的笔记爱好者。

据统计,仅现在留存于世的爱迪生的笔记数量就多达500万张。

爱迪生享年84岁,假设他坚持做笔记70年,那么每天要写大约200张笔记。

文艺复兴时期的著名艺术家达·芬奇的手稿也很有特色,展览达·芬奇手稿的博物馆经常人满为患。微软的比尔·盖茨曾经在拍卖会上豪掷3 080万美元购买了72页的"莱斯特手稿"。

除此之外,牛顿、毕加索、伽利略、贝多芬、达尔文等名人也都留下了非常具有参考价值的笔记。

这些天才的笔记和普通人的笔记究竟有什么区别呢，他们的笔记的独特之处究竟在哪里呢？我们将在本书中一探究竟。

从记录到思考工具

我认为天才的笔记大致上拥有两种特征。

①独特性

在天才的笔记上面,绝对看不到像板书那样整整齐齐的书写。

不仅如此,有时候你甚至仅从笔记的格式就能够判断出这是谁的笔记。也就是说,天才都有自己独特的做笔记的方法。

②大脑的思考与笔记内容保持同步

天才之所以被称为天才,是因为他们拥有改变时代的能力。

因为他们提出了其他人从未想到过的事情,所以他们的思维模式肯定是独一无二的。而且他们也非常了解笔记的重要性。

他们留下的笔记,充分地表现出了他们的思维模式。简单地说,就是他们实现了大脑的思考与笔记内容之间的同步。

对天才来说,通过做笔记来加深思考是理所当然的事情。

但对我们绝大多数的普通人来说,每天日常生活中做的笔记大多只是为了单纯地记录。

笔记是提高思考力必不可少的工具,但如果只将其当作记录的工具,就无法对提高大脑的能力产生任何帮助,而且也很难让人产生"事后再看一遍"的欲望。无法使人产生阅读欲望的笔记,就无法充分地发挥其真正的意义。

通过正确地使用笔记,就可以使笔记从单纯的"记录工具"进化为"思考工具",这一点非常重要。

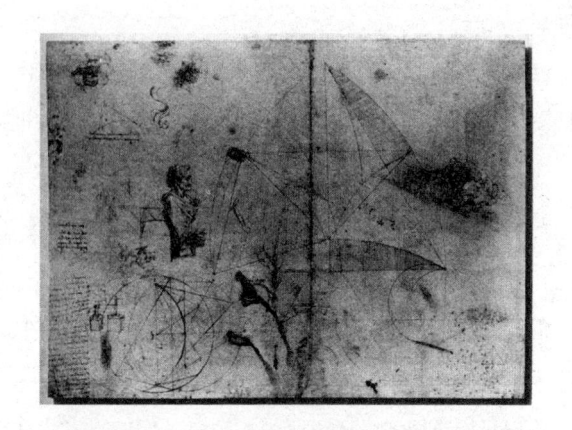

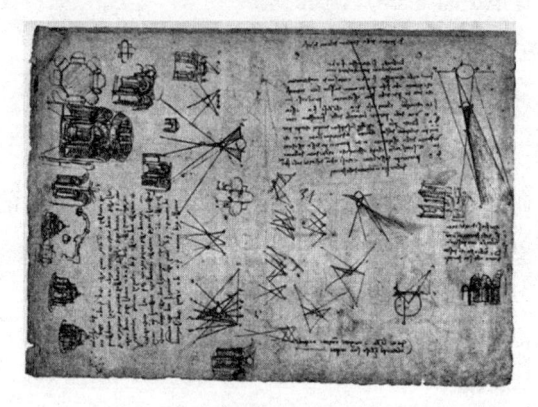

图1-6 达·芬奇的笔记

从单纯的知识积累到提高学习素养

如果你成功地将笔记从"记录工具"进化成"思考工具",那么你大脑的使用方法(思维模式)也会实现进化。

与此同时,你的学习素养也会得到提高。

学习素养的提高会给你日常的习惯带来巨大的变化,还会极大地提高你的实际应用知识的能力。

顺带一提,我认为未来必不可少的学习素养包括以下三种:

①脑力素养(大脑的使用方法)
②媒体素养(信息输入和输出的方法)
③身体素养(身心平衡的学习方法)

本书介绍的自然思维模式,从另一个角度来看的话,可以通过提高"脑力素养"来实现。

如果你希望能够自由地思考,希望彻底地改变自己,就必须将笔记从"记录的罗列"进化为"思考的工具"。这样就能够提高你的学习素养,使你拥有只属于自己的自然思维模式。

第2章

从思考的牢笼之中解放出来的笔记术

用思维导图改变笔记

在前文中，我为大家介绍了以下内容：

● 与学习知识和追求结果相比，更应该重视思考的方法（思维模式）。

● 最好能够建立起让每个人拥有的个性和脑力自然且自由地发挥出来的自然思维模式。

● 为了实现这一目标，将笔记从"记录工具"进化为"思考工具"是最有效的方法。

那么，作为"思考工具"的笔记究竟是什么样的呢？

作为思考工具最合适的笔记方法，就是"思维导图"，即本书的主题。

思维导图是英国脑科学与学习领域的权威东尼·博赞在

40年前提出的，时至今日仍然在全世界思维导图师的共同努力下不断进化的笔记术。

一般来说，要想掌握拥有强大效果的工具，往往需要进行严格的训练，整个过程充满了痛苦。但思维导图却是初学者也能够取得立竿见影的效果，而且越是深入学习越能够取得更高成果的非常优秀的工具。

在企业、学校、体育界以及个人层面等领域，思维导图作为提高思考力和交流力的工具都帮助各位优秀人士取得了巨大的成果。

我曾经接受过东尼·博赞的直接指导，并取得了高级讲师的资格，到目前为止总计为超过3万人介绍过思维导图的使用方法。本书也将毫无保留地把我的经验分享给大家，帮助大家从思考的牢笼之中解放出来，确立起自然思维模式。

思维导图的书写方法本身并没什么难的。为了让大家能够更好地理解思维导图的核心内容，我将在对思维导图进行说明的同时搭配一些实际操作的练习，大家可以按照顺序尝试一下。

普通笔记的真面目

绝大多数人做的普通笔记，大多具备以下特点：

①笔记本上有横隔线。
②大多用黑色、灰色或蓝色等单一颜色的笔从上到下、从左到右书写。
③大多使用文字、数字、英语单词等。
④大多是文字的罗列。

东尼·博赞发现，全世界的教育机构和企业之中有95%以上的人采用的都是这种做笔记的方法，正因为这种枯燥且单调的方法，使得绝大多数的人都认为做笔记是一件很枯燥的事情。

而这种枯燥的笔记根本无法成为激活大脑的思考工具。

东尼·博赞自己也曾说过，他一直对学校所提倡的那种笔记方法表示怀疑,"不知为何,越是做笔记我对学习越是感到厌烦,甚至头脑也变得迟钝起来"。

人类本身就拥有"求知""求变"的欲求。

如果通过做笔记能够满足这种欲求的话,就会使人产生喜悦的感情。

但普通的笔记并不能满足我们的这种欲求。所以写这样的笔记也完全无法让我们感到喜悦。

我经常在讲座上询问听众"你们对自己做笔记的方法有自信吗",绝大多数的人都回答"没有",而且几乎所有的人都"没有学习过写笔记的方法"。

因为没有使笔记得到进化的机会,所以枯燥的笔记当然也无法变成有趣的笔记。

因为笔记是大脑思考的可视化内容,所以如果笔记枯燥的话,大脑的思考也会变得枯燥。

这样的人生又怎么可能有趣呢?

这就是普通笔记的真面目。

从思考的牢笼之中解放出来

"普通"不等于"自然"。

普通指的是"大多数人的习惯",但这不一定就是自然的规律。

前文中提到的"普通笔记",正是大多数人所采用的笔记方法。

以逐行记录为主的笔记基本上无法给思考提供任何帮助。

而思维导图则是无限接近大脑自然活动的笔记方法。

思维导图能够将我们的思考从束缚之中解放出来,极大地提高思考的品质,还有增强记忆力的功效。

正所谓"百闻不如一见",请大家看一下图 2-1,这是

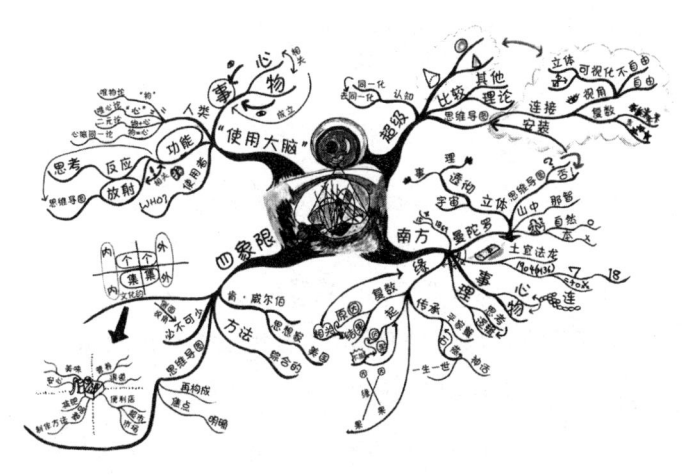

图 2-1 笔者绘制的思维导图

我绘制的思维导图。

关于思维导图的具体绘制方法，我将在后文中进行详细的讲述，首先我将为大家介绍思维导图的作用。

灵感来自"天才的笔记"

思维导图的开发者东尼·博赞曾经说过,"如何学习天才的思考方法?秘诀就在他们留下的笔记之中"。

事实上,思维导图的灵感就来自天才的笔记。

正如我在第一章中提到过的那样,对天才来说,笔记不是单纯的"记录",而是"独一无二的思考工具"。

我们先来看一看达·芬奇的笔记(见第34页图1-6)都有哪些特征。

达·芬奇是文艺复兴时期的代表人物之一,被称为"万能的天才"。

除了绘画、雕刻、建筑等艺术领域之外,他在解剖学、植物学、地理学、数学以及工程学等自然科学领域也有很深的造诣。

这些笔记是达·芬奇用了40年的时间创作出来的记录。其中除了艺术和科学的要素之外，还充满了感性与逻辑的要素。

达·芬奇的一生就是"观察"与"创造"的一生，这些笔记可以说是他人生的集大成之作。

达·芬奇通过无数细致入微的观察来输入知识，并且以创造、艺术作品和发明的形式将这些知识输出。支撑这一切的，正是他的"思考"。

从脑科学的角度来看，达·芬奇的笔记能够最大限度地激发出大脑的思考力。

不过，普通人很难一上来就写出和达·芬奇一样水平的笔记。

为了让普通人也能够写出这样的笔记，东尼·博赞从天才的笔记之中找出共同点，并且将这些要素综合到一起，开发出了名为"思维导图"的工具。

对大脑来说最为自然的笔记方法

"逐条记录"是最普遍的书写和记录方法,但对大脑来说却并不是自然的思考方法。

与之相比,思维导图能够尽可能地将大脑的思考直观地映射在笔记本上。

因为人类的大脑有"求知"和"求变"的本能,所以通过思维导图可以激活大脑,使大脑不断地涌现出全新的思考。对大脑来说,这种创造的体验充满了快感,做笔记再也不是枯燥无聊的差事,而是一种愉快的享受,思考力自然也会随之提升。

大家只要看到思维导图的形状就会发现,思维导图最大的特点就是"从中心向周围呈放射状展开"。

正如达·芬奇的笔记上所表现的那样,人类的大脑在进行思考时并不是规规矩矩地逐条思考，而是同时连接到许多个部位共同展开思考。

而且当我们以某个主题为中心进行思考时，会无意识（或者下意识）地动员起所有的信息和感性因素，从中心主题展开放射状的联想。

说起来，自然界中的许多事物都是呈放射状发展的。

太阳散发出来的光和热，从心脏到末端血管的展开方式，从树干上长出来的树枝，从中心展开的花瓣，蒲公英的种子，脑细胞以及围绕在其周围的神经纤维……这些都是放射状的。

放射是自然界变化的法则之一，笔记也应该从中心呈放射状展开，这就是思维导图。

使用"大脑的第一语言"

"你的第一语言是什么?"

对于这个问题,日本人肯定回答日语,英国人会回答英语,中国人则会回答汉语。

没错,这些都是作为常用语的第一语言。

但这些都是嘴巴发出来的声音或者用手写出来的文字,实际上并不是"大脑的第一语言"。

那么,大脑的第一语言是什么呢?

正如前文中提到过的那样,大脑的思考并不像阅读文章和词语那样是逐一进行处理的。当大脑之中浮现出一个主题的时候,大脑就如同宇宙大爆炸一样,瞬间展开放射状的联想。

其中所包含的要素之多,完全不是语言文字的信息所能涵盖的。

图 2-2 这是什么？

平时看到上面这个画面或许你不会产生任何感觉，但现在请下意识地感受一下你的大脑之中究竟在进行怎样的思考和联想。

● 喜欢吃苹果的人，或许会无意识地流出口水。
● 不喜欢苹果那种清脆口感的人，可能会浑身起鸡皮疙瘩。
● 美术专业的学生或许会将其看作素描的对象。
● 文学爱好者或许会以"苹果"为题材写一首诗歌。

- 家庭主妇或许会立即想到苹果的许多种料理方法。
- 理科学生或许会联想到牛顿。
- 或许还会有人联想到著名的苹果公司。

这些都是大脑之中的活动,但我们不可能将这些内容逐一转变为文字并记录下来,而且这些思考内容并不是一次只出现一个。

大脑的活动是"多线程"(同时进行多项作业)的,能够同时产生许多联想。其中既有能够转变为语言的,也有无法转变为语言的。

东尼·博赞将这种大脑的活动称为"imagination & association"(想象与联想)。

这种大脑活动不分人种、民族、年龄、性别,是所有人共有的。

不管用任何语言,苹果就是苹果。

反之,如果用语言和文字来表示的话,只有在"苹果"两个字说完之后,才能使人产生对苹果的认知。

思维导图通过放射状的书写方法，可以将大脑的第一语言以非常自然的形式表现在笔记之上。因此，绘制思维导图能够同时对大脑的许多功能给予刺激，从而起到加深记忆、激活思考的效果。

也就是说，思维导图能够使用大脑的第一语言，这也是思维导图是实现自然思维模式最佳工具的主要原因。

将知性和五感信息可视化

哈佛大学的霍华德·加德纳博士指出,"人类不仅拥有以 IQ 测验为代表的通过纸和笔测算的智能,而且至少拥有 8 种智能。虽然不同的人在这些智能上有高低之分,但每个人都拥有这些智能",这就是"多元智能理论"(multiple intelligences:MI)。

多元智能理论的 8 种智能

①言语语言智能:指人对语言的掌握和灵活运用的能力,比如用词语思考,用语言和词语的多种不同方式来表达复杂意义等。

②数理逻辑智能:指人对逻辑结果关系的理解、推理以及思维表达能力,比如用逻辑方法解决问题,对数字和抽象模式的理解力,认识、解决问题的应用推理等。

③视觉空间智能：指人对色彩、形状空间位置的正确感受和表达能力，比如对视觉世界有准确的感知，产生思维图像，有三维空间的思维能力，能辨别感知空间物体之间的联系等。

④音乐韵律智能：指人的感受、辨别、记忆、表达音乐的能力，比如对环境中的非言语声音，包括韵律和曲调、节奏、音高、音质的敏感度。

⑤身体运动智能：指人的身体的协调、平衡能力和力量、速度、灵活性等，比如利用肢体语言交流和解决问题，熟练地进行物体操作以及开展需要良好动作技能的活动等。

⑥人际沟通智能：指对他人的表情、言语、手势动作的敏感程度以及对此做出有效反应的能力，比如觉察体验他人的情绪情感并做出适当的反应。

⑦自我认识智能：指个体认识、洞察和反省自身的能力，比如对自己的感觉和情绪敏感，了解自己的优缺点，能够用自己的知识来引导决策、设定目标。

⑧自然观察智能：指的是观察自然的各种形态，对物体进行辨认和分类，能够洞察自然或人造系统的能力。

加德纳博士认为，学校里通过考试测验的能力，只占这些智能的二三成。如果他的判断是正确的，那么学校教育就没有充分地激发出人类与生俱来的智慧。如果所有人都能够充分地发挥这些智能的话，那么每个人都能写出独一无二的笔记。

此外，人类还具备以下五感：

①视觉
②听觉
③触觉
④味觉
⑤嗅觉

正如前文中"苹果"的例子那样，即便看到同一张图片，不同的人产生的联想也是千差万别的。

味觉灵敏的人、听觉灵敏的人、触觉灵敏的人，各自的感知也是不同的。

如果利用各自擅长的感知来进行思考，那么一定也会对之后的记忆和人生产生巨大的影响。但传统的笔记却通过逐条书写的方法建造出一个"思考的牢笼",将这些可能性全部束缚在其中。

与之相比,思维导图则是能够使人在无意识之中将自身拥有的多元智能和五感全都表现出来的做笔记方法。因为这种方法可以使人从自己擅长的内容开始书写,因此能够有效地提高记忆力。

提高记忆力

多元智能和五感与记忆之间也存在着紧密的联系。

正如前文中提到过的那样,给人留下深刻印象的事情即便经过很久也会令人记忆犹新。这是因为我们将这些事情与自己的知性和感性连接了起来。

思维导图能够使我们非常自然地完成这项作业。

要想完全记住别人写的文章内容并不是件容易的事情,但如果利用思维导图的方法,将自己的知性和感性充分地调动起来,则能够更容易记住文章内容。

当然人类的大脑是会遗忘的,有时候甚至会忘记非常重要的事情。

为了避免遗忘,适时的复习必不可少。然而在复习时如果需要阅读满是文字的笔记,不管从生理方面还是心理方面都令人难以接受。毕竟对大脑来说,必须先将文字转变为想象才能进行认知，因此大量的文字会使人产生巨大的压力。

思维导图则完全避免了这种情况，在复习时仍然可以使用大脑的第一语言，直接将笔记的内容与知性和感性连接在一起，极大地减轻了复习的压力。

提高整理力

思维导图因为从中心向外侧呈放射状发展,具有"开放式"的"无限可能",所以经常有人认为用思维导图做的笔记内容"完全无法进行整理"。

当然,刚开始接触思维导图的时候,确实存在这样的问题。

但请大家回忆一下。

思维导图不仅是记录的工具,更是思考的工具(提高思考力的工具)。也就是说,思维导图将你现在的思考方式完完整整地表现在笔记本上,使其可视化。

如果你将没有整理好的思考绘制成思维导图,那么思维导图当然也是没有整理好的。

当你再次看到这幅思维导图的时候,就会知道自己当时

"怎样进行'没有整理好'的思考"。当你继续绘制思维导图的时候，就会意识到这一点，使自己的思考变得更加完整。这样一来，你绘制思维导图的水平就会得到提高，思考力也会随之提高。

而在重复绘制思维导图的过程中，你的整理力也会自然而然地提高。

这也是思维导图的重要作用之一。

拥有俯瞰视角

在达·芬奇的笔记之中包括艺术、科学等许多内容，可以看出他充分地调动了知性和感性来进行创作。

达·芬奇曾经做出过这样的总结：

- 科学地学习艺术
- 艺术地学习科学
- 进化自己的感觉
- 重视一切的联系

他的笔记也完全按照上述方法书写。

在达·芬奇的一页笔记之中，你能够看到艺术、科学与知性和感性的联系。作为思考工具的笔记，必须像这样能够对思考进行俯瞰才行。

从这个意义上来说，以逐条记录为主的普通笔记，只不过是将残破的片段转换为文字，然后按照顺序记录下来而已，很难使艺术性与逻辑性之间的联系一目了然。

如果说普通的笔记就像在迷宫里屡屡碰壁的人，那么达·芬奇的笔记就像是在高空中俯瞰整个迷宫的鸟。

身在迷宫之中只能看到高耸的墙壁和一模一样的拐角，想从迷宫之中走出来非常困难。走出迷宫的最快方法，毫无疑问是俯瞰整个迷宫。

思维导图因为也会调动知性和感性，所以具有与达·芬奇的笔记同样的效果，而且经过40多年的整理与完善，任何人都能够快速掌握。

整理会议内容、写阅读笔记或者记录突然出现的灵感时，利用思维导图也可以站在俯瞰的视角将知识与信息联系到一起，从而实现从记录工具到思考工具的进化。

创造自己独一无二的笔记

天才的笔记都有一个特点，那就是"独一无二"。

这说明他们的笔记并不是记录别人的思想，而是用来记录自己从无到有的思考。

思维导图不仅能够在反复绘制的过程中不断进化，还会充分地表现出绘制者的个性。

正如大家有独一无二的笔迹一样，作为将大脑第一语言可视化的思维导图，也能够一目了然地表现出绘制者的特征。此外，对思维导图的绘制过程进行观察，还可以清楚地看出绘制者的思考过程。

我在做思维导图讲座的时候，经常会邀请听众上台来分享自己绘制的思维导图。

在这个时候，其他的听众往往会发出如下的赞叹：

"哇,颜色好丰富。"

"了不起,竟然有这么多创意。"

"真是让人一目了然。"

"独特的联想。"

最近,很多心理咨询师也开始使用思维导图。通过思维导图,心理咨询师能够自然地获取客户的思考和感性情绪等信息,从而增加与对方的共同语言,提高双方的共鸣。

在绘制思维导图时,虽然也需要遵守一定的规则,但这些规则都非常简单。

思维导图绘制得越多,自己的知性和感性运用得就越充分,最终就能创作出只属于自己的独一无二的笔记。

这种感觉就像是自己全部的潜能都被激发出来,遇到了崭新的自己一样。

接下来,让我们实际绘制一下思维导图吧。

首先从简单的思维导图开始

我们的大脑非常喜欢联想。

请大家参考图 2-3，以"我"为中心展开联想，将联想到的内容写出 8 个来。

具体的内容尽量用单词来概括。不必想得过于深入，请带着轻松的心情来展开联想。

如果是我的话，以"我"为中心展开联想，大概有以下的内容：

①思维导图
②柔道
③教育
④滑雪
⑤读书
⑥音乐（吉他）

①	⑤
②	⑥
③	⑦
④	⑧

图 2-3 以"我"为中心展开联想

⑦ IT
⑧电影

　　这8项内容与我的人生有很深的联系。虽然每一个都是独立的内容，但当以"我"作为中心轴的时候，这些独立的内容就全都被有机地联系到了一起。虽然每个人联想到的内容都各不相同，但只要将这些内容写出来，你一定会发现确实如此。

将联想进一步展开

接下来,将联想到的内容以思维导图的方式绘画出来。请参考图 2-4 到图 2-9,按照顺序绘制出思维导图。

①准备一张 A4 大小的纸,横着摆在自己的面前,然后在正中央的位置写上"我",再用一个心形将其围起来。

像这样写在正中央的主题被称为"中心图"。

图 2-4

②在心形的周围呈放射状画出 8 根(具体数量可自定义)

弯弯曲曲的线条，这被称为"分支"。

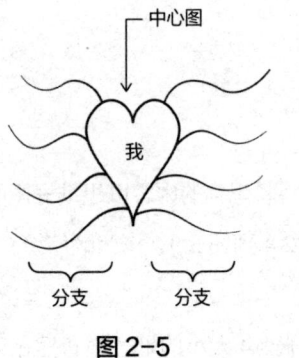

图2-5

③在分支上写出刚才联想到的单词。不要写在分支的前面或下面，应该写在分支的上面。

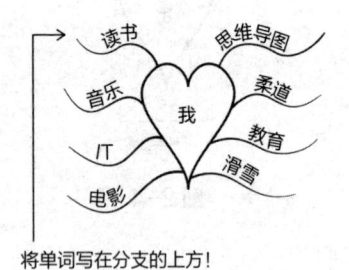

图2-6

④在分支上继续画出新的分支，使其进一步成长。

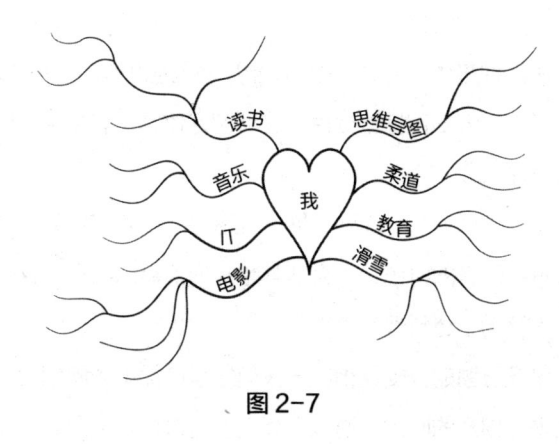

图 2-7

⑤在让分支进一步成长的同时，将联想到的内容写在上面。

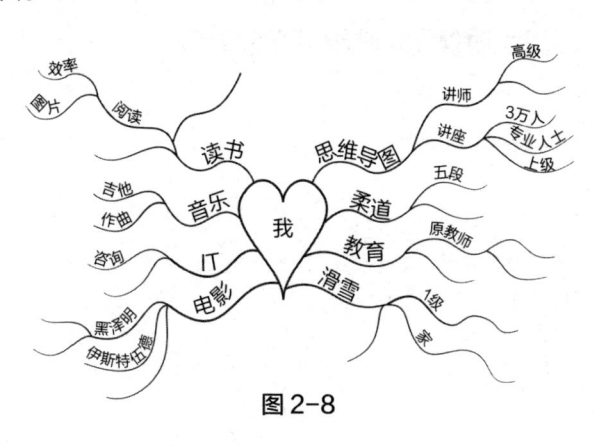

图 2-8

在分支的上面有空白处也没关系。事实上，这些空白更能够使大脑活性化。

像这种整体集合到一起的结构，在德语里叫作"格式塔"（完形）。大脑偏好整体性，这种偏好使其具有将空白处填满的特性。

当别人话说到一半就不继续说下去，或者不管怎么被追问都不肯回答的时候，人会非常想知道最后的结果，这就是因为大脑的上述特性。

思维导图的分支就相当于我们给自己提出的问题。尤其是在思考创意的时候，通过在分支上留白，可以激发出隐藏在大脑深处的创意，将所有的分支补充完整。

让我们继续将思维导图补充完整吧。

⑥最终的完成图。

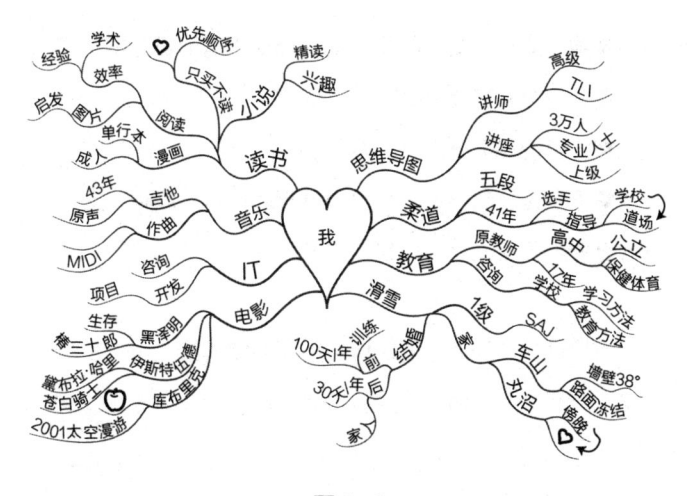

图 2-9

像这样将想到的内容按顺序整理出来的思维导图被称为"迷你思维导图"。

迷你思维导图的关键就在于不必进行太深入的思考，只需要带着轻松的心情将想到的内容写出来即可，对于分支的数量和粗细也不必在意，完全可以自由地绘制。

在绘制迷你思维导图的时候，需要注意以下几点：

●从中心（中心图）呈放射状绘制。

- 中心图和分支，以及分支和分支之间不要分离。
- 在一个分支上只写一组单词。
- 将单词写在分支的上方。
- 不要先想到内容之后再画分支，而是一边画分支一边进行思考。分支就算留白也没关系。

虽然这几点都很重要，但最重要的就是第三点"在一个分支上只写一组单词"，这是将思维导图习惯化的重中之重。

请看下面的例子：

假设在我们的思考中出现了"自然保护委员会"这个创意。

将这个创意写在一个分支的上方，如图 2-10 所示。

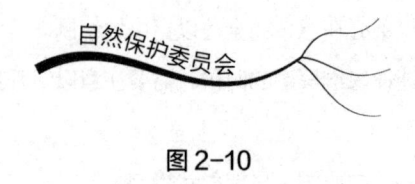

图 2-10

虽然以这样的形式继续让分支发展也不是不行，但按照"在一个分支上只写一组单词"的原则，还是将"自然""保护""委员会"这三组单词分开，放在三个分支上，然后再留出空白的分支。

图 2-11

接下来在空白处填上想到的内容，让分支进一步成长。这样一来，隐藏在你大脑深处的想法就会不断地涌现出来。

图 2-12

●既然想到了"自然",那么同时也会想到"人类"。

→人类文明是建立在人工基础之上的,只有自然的话人类无法生存。

●为了更加深入地把握"保护"的本质,将"破坏"也列举出来。

→不破坏就是保护吗?对人类来说是否应该区分有意的破坏和无心的破坏?

●除了"委员会"之外,还可以从"志愿者"与"法人"的角度来进行思考。

→委员会无决定权,起到一定的作用;法人则是在法律层面上对公司活动负有责任;志愿活动是一种自发性的活动。

图 2-13

人类的大脑在对事物进行认知时会自然地进行联想。

像"自然保护委员会"这样在只有文字信息的情况下，大脑对由 3 个要素组成的这个信息处于模糊的认知状态。

所谓将"大脑的第一语言"可视化，就是让大脑通过认知展开联想的要素之间更容易相互联系起来。因此，在一个分支上只写一组单词，让分支不断地成长，是非常有效的方法。

大家不妨也试着以"我"为主题，绘制一个有关自己的迷你思维导图吧。

激发创意的迷你思维导图

接下来让我们按照前面学过的规则,试着绘制一个激发创意的迷你思维导图。首先,请根据图2-14的图片,将"联想到的内容"逐条列举出来,给大家3分钟的时间。

图2-14

这是我每次做讲座时都会进行的小测验,虽然只有两个曲别针,但仍然能够使人联想到许多内容。

```
固定纸张
连接起来可以作为首饰
拉直后可以当作尖刺
书签
做成钩子
```

图2-15

正如我在前文中多次提到过的那样，这种以逐条列举为主的笔记方法，完全起不到思考工具的作用。这种方法不但破坏笔记的独特性，还使大脑难以与笔记同步。

我们按照前文中所讲的规则，试着绘制一份关于曲别针使用方法的迷你思维导图。

①将曲别针的图片放在正中央，向周围画出分支。

图 2-16

②从"连接"这个关键词出发，按照一个分支一组单词的规则展开联想。

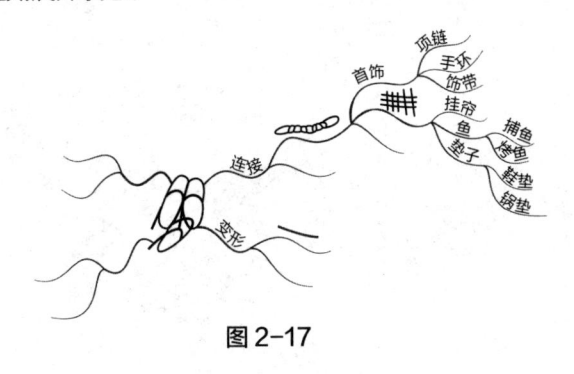

图 2-17

③除了"连接"之外,再以"变形""切割""分解"等单词继续展开分支。

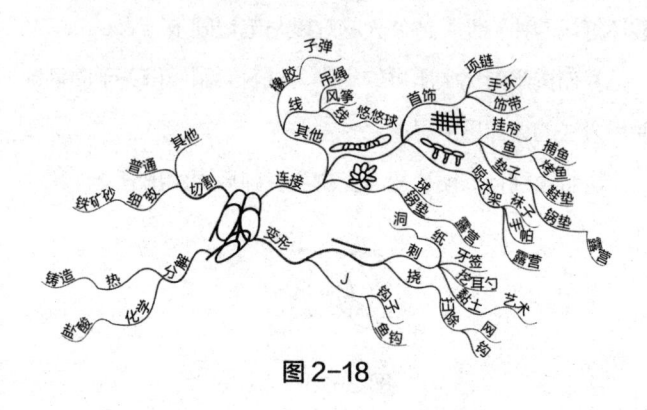

图 2-18

④从中心向周围呈放射状展开分支的迷你思维导图完成。

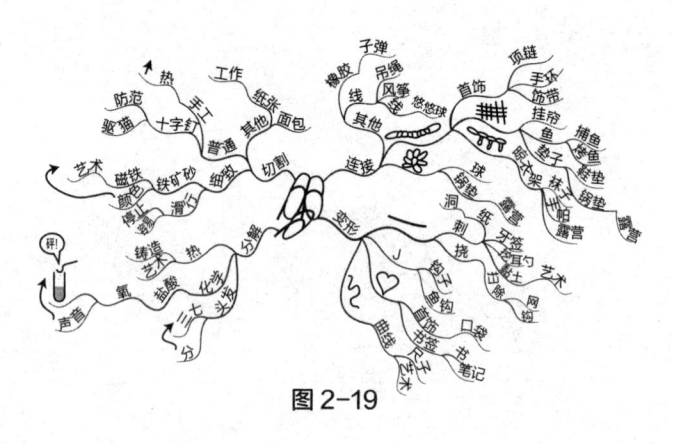

图 2-19

大家在尝试的时候，可以先从模仿开始。

比如重新拿出一张纸，将"曲别针"替换为"空易拉罐""橡胶轮胎""塑料瓶"等身边的物体，试着绘制迷你思维导图。

怎么样，实际尝试过后是不是发现与逐条列举的笔记方法相比，思维导图的方法更能够扩大思考的范围，而且还能够提高注意力？

自己决定主题

在尝试着模仿绘制几幅思维导图之后,你的读写能力就会得到相应的提升。之后即便自己决定主题,你也能够利用掌握的能力来绘制思维导图。

在前文中,我们以"我"和"曲别针"作为主题绘制了迷你思维导图,接下来请大家试着自己决定主题来绘制思维导图。

比如以下这些主题:

①有效地对部下进行管理的方法
②提高顾客满意度的方法
③降低事故频率的方法
④孩子未来的前途
⑤自己正在从事的工作的意义

绘制完整的思维导图

之前我们绘制的几幅思维导图都属于"迷你思维导图"。

从中心图伸出的最初的分支被称为"主分支",主分支上所写的内容(即基本分类概念,Basic Ordering Ideas,简称为"BOI"),对思维导图的性质有巨大的影响。

当你习惯了思维导图的绘制方法之后,自然就会意识到主分支上所写的内容(即基本分类概念)具有多么重要的意义。

迷你思维导图,指的是不去考虑主分支上所写的内容,自由地发挥联想绘制的思维导图。

将思考在一定程度上结构化,下意识地选择主分支上所写的内容来绘制的思维导图,被称为"完整思维导图"。

当然,在将思考可视化的过程中,无法用"在此绘制时间之前属于迷你思维导图""从此以后属于完整导图"进行严格的区分，大家只要了解上述概念即可。

但提高自身选择基本分类概念的能力，有助于自己的学习阶段的提升。学习效果是呈阶梯状提升的，在不同的学习阶段需要选择不同的关键要素来进行学习，这样最有效。

比如在面对一个迟迟找不到突破口的问题时，可以在思维导图上通过主分支→子分支→孙分支的方法不断地发展下去。这个思考发展的过程可以使你找到隐藏在自己思考习惯之中的新要素。这样一来你就可以通过选择前所未有的基本分类概念，来掌握全新的思考方法。

与不考虑基本分类概念的迷你思维导图相比，完整的思维导图能够更有效地使你的思考方法实现进化。

但在选择基本分类概念的时候不能太过拘泥于确定基本分类概念之后再开始绘制思维导图，因为这样会使你的思维僵化，最终只能绘制出由逻辑拼凑出来的"逻辑导图"，而这样的思维导图完全无法激活大脑。因此，在掌握了迷你思维导图的绘制方法之后，可以先从少数主分支的思维导图开始，逐渐适应选择基本分类概念的方法。

绘制思维导图的有效方法

将前文中介绍的思维导图的绘制方法进行总结之后,结果如下所示:

①在中心位置画出中心图。
②从中心图向外呈放射状画出弯曲的分支。
③一边展开联想,一边在分支上写出单词或图画。
④一个分支上只写一组单词。
⑤习惯之后,一边思考应该选择什么基本分类概念更有效,一边进行绘制。

只有文字罗列的普通笔记,就像计算机执行的程序,属于"直线思考"的笔记。

而思维导图则是能够使大脑的自然活动可视化的笔记,也就是"放射思考"的笔记。只要养成绘制思维导图的习惯,就可能改变你每一天的生活。

要想让笔记进化成为高效的思考工具，有许多方法。只要掌握了这些方法，就可以使大脑的放射状思维得到更进一步的发展，从而掌握"全脑思考"的能力。

全脑思考，指的是将左脑、右脑、大脑皮质以及脑干全部利用起来进行思考的状态。

掌握了这种思考方法，就可以自然而然地使用自己最优秀的感知创作出充满个性的笔记。也就是说，通过坚持绘制完整思维导图，能够使你越来越接近自然思维模式的状态。

使用丰富多彩的"颜色"

我们每天都生活在色彩斑斓的世界之中。

据说在人类通过五感接收到的信息之中,视觉信息所占的比例高达 87%。

视觉信息,也可以说是色彩的集合体。许多颜色组合成某种形状,人类通过视觉辨识出相应的信息。

那么,"颜色"究竟是什么呢?

"红"在《大辞泉》字典中的解释是:"颜色的一种,三原色之一,像鲜血一样的颜色。红色系颜色的统称……"用语言和文字描绘颜色的时候,只能用"像××一样的颜色"这样的方法来进行说明。

由此可见,颜色只能通过个人的视觉来进行认知。这说明颜色是无须通过逻辑的辅助就能够对大脑产生刺激的东西。

这样的信息能够与大脑的所有部位产生联系。

熟练的思维导图师绘制的思维导图,一定会使用大量的颜色。因为使用能够对大脑产生直接刺激的颜色,可以将大脑的第一语言"想象与联想"可视化。

此外,"涂颜色"这个作业还有提高注意力、使人心情平静、加深记忆等效果。

颜色与我接下来要提到的图画和符号也有着非常紧密的联系。

描绘"图画"

将大脑的第一语言转变为语言或文字,是一件非常困难的事情。

为了表现"雪景",诺贝尔文学奖获得者川端康成在小说《雪国》之中是这样描写的:

"穿过国境上长长的隧道,就是雪国了。夜空下,大地一片莹白。"

这实在是一种非常有文学性和艺术气息的表现手法。

仅仅这一句话,就使人产生身临其境般的感受。

但我也不禁想道:为了想出这样的表现手法,究竟需要让想象力发挥到怎样的程度才能做到呢?

不仅小说家,当我们想要向别人传达自己的想法时,最后都需要将其转变为语言或者文字，在这个转变的过程中，如果使用像思维导图这样能够让想象力自由发展的工具，一定能够使语言和文字的表现力更加丰富。

虽然我们不可能一下子写出像川端康成那样优美的文字，但如果能够将心中想到的风景用图画和颜色表现出来（即便只有自己能够看懂也没关系），对我们的大脑开发来说一定也会非常有帮助。

在描绘作为思考工具的思维导图时，为了直接使用大脑的第一语言，最好尽可能多地使用图画。

使用颜色、形状、符号等各种要素将大脑中的思考以中心图的形式表现出来，就能绘制出优秀的思维导图。

在绘制思维导图的时候，虽然大多数人都希望能够尽快描绘分支部分，但以我的经验来看，最好用十分之一的时间来仔细地绘制中心图。因为当我们以后再看这幅思维导图的时候，中心图越细致就越容易让我们回忆起绘制时是如何思考的。

使用"符号"

我们的身边有许多符号：

- 卫生间门前的男女标志
- 便利店、超市以及快餐店的招牌
- 道路标志
- 易拉罐和塑料瓶上绘制的饮料设计图

这些都属于符号,就连电车的外观和颜色也与符号有关。

绝大多数符号的特征都是"采用简洁的设计再搭配以醒目的颜色",作用则是"让人看一眼就能从中获取大量的信息"。

接下来以道路标志为例进行说明。

图 2-20

在道路标志之中,大家见到最多的应该就是"停止"标志吧。这个标志也是符号的一种,以前我考驾照的时候,教练告诉我这个标志具有以下的含义:

"在路口时自己没有优先权。"
"在路口时要放慢车速。"
"不能越过停止线,必须停车。"
"确认安全之后再慢慢前进。"
"再一次确认安全之后,为了不妨碍优先车道的通行,迅速通过路口。"

在日本,红色的道路标志大多代表"禁止"的意思,但红色倒三角上写着"停止"的标志则具有上述这些含义。

请大家想一下：

如果这个道路标志不是这个红色三角，而是在一个很大的白板上写着上述的说明文字，或者其他的道路标志全都像这样用白板写着说明文字，那开车的时候一定会非常危险吧。

拥有丰富驾驶经验的人，在看到符号的一瞬间就能理解其所代表的含义。这种理解不是逻辑上的，而是身体上的。所谓身体上的理解，指的是即便没有说明文字，只要看到这个标志，就能在无意识中采取相应的行动。

"看到符号，身心能够立刻做出反应。"

这就是符号的威力。

只要记住了符号代表的含义，就能够在看到符号的同时立刻做出反应。反之，如果完全用文字信息来表示的话，从看到信息到做出判断之间就需要花费更多的时间。

从这个角度来说，时钟（指针）也是一种符号。

图 2-21

而像电子钟这样只以数字表示时间,就无法发挥符号的威力。

经常坐电车的人,只要看到电车的外观和颜色,就能判断出这是哪一条线路的电车。而且车站的路线图和指示牌也与电车颜色相一致,更方便乘客使用。

图 2-22

即便来到之前从没来过的车站,只要根据电车和指示牌的颜色,乘客就可以找到自己想搭乘的电车。

如果不使用颜色,关于电车的信息全都用文字来表示的话,肯定会占用乘客更多的时间。事实上,在 JR 系统(日本车票预定系统)之中,由于私铁的电车没有使用相应颜色的指示牌,我每次都不得不去阅读路线图上的文字信息,导致在换车的时候花费更多的时间。

符号能够提高我们思考和行动的效率,是非常方便的工具。

完全用文字罗列的笔记,就像是写在白板上的道路说明文字。为了让笔记成为思考工具,请熟练地使用符号吧。

绘制思维导图的技巧

①主分支画得粗一些,接下来的分支逐渐变细。

基本分类概念要大一些、明显一些,分支与单词和图画之间要保持平衡。

虽然思维导图是可以从中心图向外侧自由展开分支的笔记,但主分支与基本分类概念仍然能够决定一个思维导图的主要特征。此外,在绘制中心图的时候最好多花一些时间画得详细一些,这样对分支的发展和今后回顾时都有帮助。

主分支要画得粗一些,后续发展出来的分支则应该越来越细。各个分支上的单词、图画和符号也应该与分支的粗细保持一致。在绘制时可以用树木的枝干作为参考。

因为思维导图是将大脑自然的思考可视化,所以最后完成的思维导图如果能够像一棵自然生长的树木那样充满平衡感就是最完美的。

②将想要强调的部分画得显眼一些。

第二个技巧可能与第一个技巧有些相互矛盾,但在绘制思维导图的时候,经常会出现灵光一闪的情况。

如果在绘制细分支的时候出现灵光一闪的话,可以在这个部分换一个显眼的颜色或者画一些装饰,用线条将这部分的内容围起来,总之要做出强调的感觉。

自己决定主题

通过反复绘制思维导图熟练地掌握绘制方法之后,可以尝试自己决定主题,绘制完整的思维导图。

在这个时候,以之前绘制过的迷你思维导图为基础,在思考结构化的同时将其发展为完整思维导图的方法非常有效。

思维导图的主题可以任意选择,比如以下这些内容都可以作为主题。请大家记住,思维导图并不是严肃的作品,只是一种思考的工具,所以不要给自己太大的压力,请带着轻松的心情来绘制就好。

【思维导图的主题示例】
①自我介绍
②喜欢的东西

③自己喜欢的地方

④必做事项清单

⑤愿景

⑥任务

⑦对手的优点

⑧书籍和文章的总结

⑨发言资料

⑩会议内容

　　本书开头的彩页部分有许多彩色的思维导图示例（图1~图8），大家也可以将这些内容作为参考。

"记录"与"创造"

再回忆一下第一章的主题,我们做笔记的目的究竟是什么呢?

事实上我们做笔记从技术上来说只有两个目的。

①笔记记录——将看到和听到的内容记录下来。
②笔记创造——将记忆中的内容"可视化",对思考进行整理和确认,想出新的创意。

充分掌握这两个技术,就可以将笔记变成优秀的思考工具。

虽然很多时候我们会无意识地将两者混合在一起,没有明确的记录和创造之分,但像"老师讲的内容非常难以理解,我一点儿也听不懂，总之先将板书全都抄下来吧"这样的情况，就是纯粹的笔记记录。

而像前文中提到过的"曲别针思维导图"，因为是在没有任何资料的情况下展开的联想，所以应该算是纯粹的创造。

进行笔记记录的时候，就相当于在向大脑之中输入新信息，而笔记创造则相当于将输入的信息展示出来。

你上学的时候，身边有没有那种根本看不到他花费大量的时间做笔记或者花费大量的时间去学习，成绩却非常优秀的人？在我看来，这样的人并没有去死记硬背黑板上的内容，而是用更便于自己记忆的方法，非常高效地做笔记。

也可以说他们在将老师教授的内容进行笔记记录的同时，就已经用自己的方法同时完成了笔记创造。

任何人只要养成了绘制思维导图的习惯，就能够自然而然地提高笔记记录和笔记创造的能力。

发生巨变的小学生

有一名小学生通过使用思维导图来进行记录和创造,彻底地改变了自己大脑的使用方法。我们暂且将这个小学四年级学生称为 A 君。

我在东京举办学习会的时候,参加者中有从大阪远道而来的母子二人,就是 A 君和他的妈妈。在学习会开始之前,A 君的妈妈对我说:"我家孩子总是不能老老实实地坐着,可能会给您添麻烦,实在抱歉。"

于是我试着先和 A 君单独交流了一下,问他对什么感兴趣、是否喜欢上学等,我和 A 君之间的交流没有出现任何问题。

但当讲座开始之后,A 君的问题就暴露出来了。

每当我讲到"什么是思维导图"或者"天才的大脑使用方法"之类稍微有些逻辑性的内容时,A 君就一副心不在焉的样子，而且不愿老老实实地坐在座位上，有时候甚至直接坐在地上。

但我通过讲座前与A君的交流，知道他对自己感兴趣的事情和表现自我的事情都会集中注意力，所以我并没有制止A君的行动。

我决定将"决胜"的时刻放在思维导图实践的时候。

每次讲座，我都会让参加者尝试着绘制思维导图。这次讲座我让大家绘制的主题是"自我介绍"或者"喜欢的东西"。

其他参加者都陆陆续续地开始绘制中心图、展开分支，但A君却迟迟没有动笔。因为他刚才根本没有认真听我讲解，不会画也是理所当然的。

于是，我拿出一份同为小学四年级学生绘制的思维导图，并且对大家说道："只要按照这个样子绘制就好，具体的绘画内容可以完全按照你自己喜欢的来画。"

我经常让讲座的参加者"模仿"别人的思维导图来进行绘制，本来模仿出来的东西应该是和样本十分相似的，但有

图 2-23 A 君的思维导图

趣的是，每个人模仿绘制的思维导图都是完全不同的。

几分钟之后，A 君也开始专心致志地绘制自己的思维导图。他绘制出来的第一幅思维导图如图 2-23 所示。

虽然这个时候其他的孩子已经进入给分支涂上漂亮颜色的阶段，但我还是被 A 君专心致志地努力绘制思维导图的模样所感动。

学习会结束之后，A君的母亲看到儿子画的思维导图，很不好意思地说"画得真乱"。但我却由衷地说道：

"他能集中精神进行绘制才是最重要的。而且我在这幅思维导图上看到了和达·芬奇的笔记相似的能量。"

前文中进行的这个练习，属于笔记创造。

通过A君绘制的思维导图，我可以看出他并不擅长对自己大脑之中的思考以及新获取的信息进行整理。

更进一步说，正因为不擅长整理，使得A君下意识地避免进行输入和输出。但因为我在讲座上表明"画成什么样都没关系，请试着画出来"，所以他才画出了这样一幅思维导图。

又过了几周，A君母子又来参加了我举办的"利用思维导图提高整理力"的讲座。

因为A君的母亲发现：孩子虽然无法集中注意力做笔记，但却愿意花时间绘制思维导图，所以这种方法或许对他有效。不仅如此，她后来又和A君一起绘制了几幅思维导图。

其中一张就是图2-24。

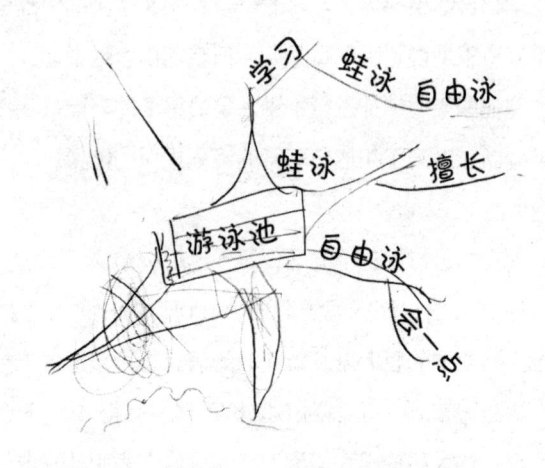

图 2-24 A 君自己绘制的思维导图

这幅思维导图的主题是"游泳池"。因为 A 君非常喜欢游泳,所以他的母亲让他以"游泳池"为主题展开联想,但"很快他就感到厌烦了"。

确实,从图上就能看得出来。

当天的讲座,主要内容是通过笔记记录来提高"整理力"。说起"笔记记录",可能很多人首先想到的都是用文字来进行记录。但实际上,"非文本型"的笔记记录也很重要。

这次讲座的思维导图实践的主题是"塑料瓶"。

我们平时很熟悉的塑料瓶,也有许多不同的种类。请仔细观察并画出思维导图(笔记记录),有余力的话,可以将自己想到的内容自由地写在分支上(笔记创造)。

通过将"有形的物体绘制成思维导图",A君产生了一场"革命"性的思考。

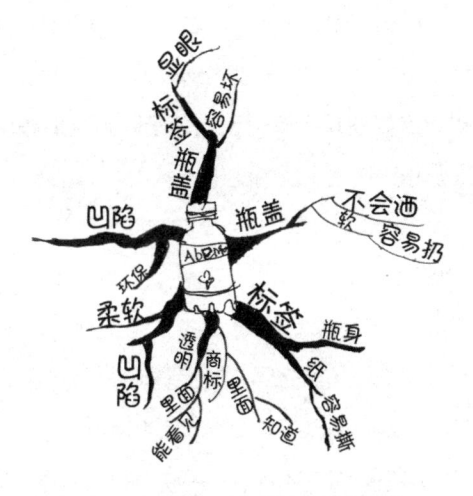

图 2-25 A君产生的"革命性"思考

图 2-25 是 A 君在没有借助任何外力帮助下自己完成的思维导图。

与图 2-23 相比，完全无法让人相信这是同一个孩子画出来的。在绘制出这幅思维导图的时候，A 君的注意力一定非常集中。

首先，他的分类很完美。

其次，在分支上他还清楚地写着与他同龄的其他孩子完全没有意识到的塑料瓶的特点以及开发者的想法。

在讲座结束回到家之后，A 君的母亲又让他"用身边的东西"自由发挥绘制思维导图，结果如图 2-26 所示。

这幅思维导图属于笔记创造，可以明显地看出 A 君的思考与之前相比产生了质的变化。

A 君既不是头脑笨拙，也不是注意力不集中。他只是"大脑过于活跃，同时联想到太多的东西，并且不知道如何将这些信息整理、记忆并应用在思考的'方法'上"。

A 君因此感到很有压力，所以才表现得坐立不安。

A 君明明是因为无法将自己的联想和思考充分地表达出

图 2-26

来而感到烦恼,但别人却只看到他"无法老老实实地坐着"这一表面现象而不断地批评他、让他改正。因此,他的思考越发地僵化(无法自由思考的状态),更加让他不知所措。

一个人如果被扼住了脖子,就会因为难以呼吸而拼命挣扎。同样,如果扼杀了自由的思考,也会使人的大脑和心灵都陷入痛苦的挣扎。A君之所以表现得坐立不安,就是这个原因。

虽然A君可能是个比较极端的特例,但其实在我们的日常生活之中，类似这样陷入"思考僵化"的情况可以说是数不胜数。公司里的上司、客户、社区、家人……有人在扼杀你自由的思考并给你施加压力。有的人可能是故意的，有的人可能是无意识的。

但我们走入社会之后，往往对这种阻碍我们进行自由思考的环境缺乏感知，自己几乎感觉不到。在这个时候，只要遵循自己内心的想法进行笔记创造，让分支自由地展开，进行笔记记录，就能够让思考获得自由，让心情变得轻松，同时还能认识到自己的思考处于牢笼之中。

请大家试着同时通过笔记记录和笔记创造来绘制思维导图吧。

思维导图最好"手绘"

最近出现了不少可以在电脑、平板以及智能手机上进行绘制思维导图的软件。使用这些软件的人也越来越多。

我个人认为,如果有能力的话最好尽量坚持"手绘思维导图"。为了获得能够最大限度发挥自己大脑能力的自然思维模式,最好将大脑之中的活动自然地表现在纸上。因此,手绘是最合适的方法。

对海马体和大脑皮质进行研究的著名脑科学家池谷裕二在《过度进化的大脑》之中这样说道:

"如果只看大脑的话,海豚的大脑非常发达。但遗憾的是,海豚没有手,也没有手指。因为海豚的身体没有人类发达,所以海豚的大脑能力也得不到充分的发挥。"

池谷认为:"人类的信息输入器官要远远优于海豚,为了充分地发挥大脑的能力,尽可能地利用五感来对大脑进行刺激十分重要。"

从这个角度来看的话,绘制思维导图的时候也应该尽量采用手绘的方法,使用丰富多彩的颜色和符号,这样能够更有效地刺激多元智能和五感,使我们能够以更加自然的方式来使用大脑。

所以与使用鼠标和键盘在屏幕上粘贴图片和文字相比,手绘思维导图作为思考工具的效果更好。

我在时间充裕的时候,会用彩色铅笔、油画棒、水彩笔等各种工具,使用超过100种颜色绘制完全没有任何文字的思维导图。经过亲身实践,我发现这种方法能够更进一步提高注意力,使身心都处于放松的状态,更容易想到优秀的创意。也就是说,手绘思维导图可以使我们更容易从思考的牢笼之中解放出来。

图 2-27 手绘思维导图

思维导图软件 iMindMap

在上一节中，我提到思维导图最好采用"手绘"的方法。

但另一方面，很多人也希望能够在电脑和平板上绘制思维导图。因此，思维导图的开发者东尼·博赞给一个叫作 iMindMap 的软件做了特别的认证。这款软件可以在思维导图的官方网站 thinkbuzan.com 下载。

虽然还有其他许多绘制思维导图的软件，但只有 iMindMap 是得到官方认证的。

虽然我个人强烈推荐手绘思维导图，但 iMindMap 这款软件也有许多优点以及独特的功能。

iMindMap 的优点主要包括以下 5 点：

①可以作为演示软件使用

iMindMap能够按照顺序标记分支，还可以在分支上链接PPT等其他文件内容。

②可以通过电子邮件发送数据

拥有软件的用户之间可以将思维导图的数据通过邮件发送。这样可以将自己制作一半的思维导图发送给别人，别人可以接着制作。

③具有云存储功能

软件中的数据可以上传到云端保存，实现多点共享。

④不受纸张尺寸的影响

手绘的思维导图会受"纸张尺寸"的限制，但iMindMap没有这种限制。

⑤能够将多个思维导图链接到一起

iMindMap能够将多个思维导图链接起来，使其相互关联。

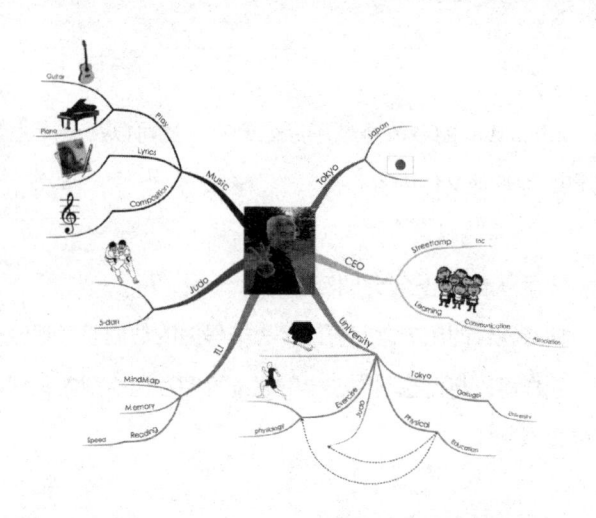

图 2-28 iMindMap 制作的思维导图

除了上述优点之外，iMindMap 还具备许多只有软件才能实现的使用方法。如果能够充分地利用这些优点，自己就可以更加熟悉思维导图的绘制方法。

但我还是想强调一下，从"实现自然思维模式"的角度来说，手绘思维导图是最好的方法。首先通过手绘熟练掌握思维导图的绘制方法，保证自己从思考的牢笼之中解放出来，能够实现自由的思考之后，再搭配使用 iMindMap，才能够取得最佳的效果。

第3章

能够引发共鸣的笔记术

交流的 4 个阶段

在前文中，我为大家介绍了通过思维导图使笔记进化为优秀的思考工具的方法。这样可以使我们从思考的牢笼之中解放出来，拥有自然思维模式，让人生朝着正确的方向前进。

在本章之中，我将为大家介绍将思维导图应用于人与人之间交流的方法。

如今，交流能力可以说是职员在企业之中必不可少的能力。

每当有新员工入职的时候，如果新员工缺乏交流能力，往往会引发严重的问题。

但关于"交流能力"的定义，实际上却是千差万别，几乎没有人能够准确地解释什么是"交流能力"。

交流能力的本质究竟是什么呢?

我认为人与人之间的交流分为几个不同的阶段:

①传达→②理解→③共鸣→④共生

交流按照这几个阶段逐渐深入。

①传达

在场的人收听同一个新闻报道或者广播的阶段。虽然在场的人都获得了信息,但相互之间没有意见的交流,只是将信息直接传达出去。

在这个阶段,人与人之间的关系没有什么特别的地方。

②理解

在场的人一起做某件事的阶段。但这里所说的"一起",仍然是以自然规律和法律法规为基础,以少数服从多数为原则做决定,相互之间并没有建立起信任关系。

在这个阶段,人与人之间更重视"做什么"。

③共鸣

在场的人共享行动意义的阶段。因为所有人都了解行动的目的和意义,所以彼此之间相互信赖,甚至能够为了集体的行动而放弃个人的利益。

在这个阶段,人与人之间更重视"为什么要做"。

④共生

在场的人以共同行动为前提,拥有共同的存在意义的阶段。所有人能够自然而然地采取正确的行动,发挥出超越自身水平以上的能力。

在这个阶段,人与人之间更重视"应有状态"。

	意识阶层	交流阶段	
存在	Who	共生	Being
意义	Why	共鸣	Doing
方法	How	理解	Seeing
内容	What	传达	

图 3-1 交流阶段与意识阶层

关于交流的深度，我认为可以用Seeing（邂逅）、Doing（行动）、Being（存在）这三个等级来进行表示。此外，我有时候也用自创的"意识阶层"模型来进行说明。（图3-1）

所谓"意识阶层"模型，指的是透过表面的现象，把握人与人交流的本质，从深层意识的角度去进行思考的模型。

总之，只要能够建立起更高级别的人际关系，就能够获得"自信"与"安心"。但一般来说，组织中最常见的人际关系阶段是以自然规律和法律法规为基础，以少数服从多数为原则做决定的，如何将"理解"提升到"共鸣"以及"共生"的阶段，就是现代组织的课题。

拥有自然思维模式的人才之间的交流，能够推动组织成为没有对立的共鸣、共生型组织。我相信，这是今后时代必不可少的交流模式。

在接下来的内容中，我将依照顺序为大家介绍实现这种理想交流模式的过程。同时，我也会为大家介绍利用思维导图改善人际关系的方法。

社会是对立型的交流

在这个世界上,存在着许多"对立"的人。

事实上,一直以来这个世界都是由"对立结构"组成的。

执政党与反对派,超级英雄与邪恶之人,从基本的结构上来说都是对立的。不管善恶如何区分,在绝大多数情况下,自己都是"正义"的一方,而"其他人则应该被消灭"。

国与国之间的战争和纠纷就是最典型的例子。即便在没有战争的和平年代,建立在民主法治之上的政治集团,最终也存在于需要通过"少数服从多数的原则"来做出决定的对立结构之中。

也就是说,必然存在"胜利者"与"失败者"。

从这个意义上来说,尽管我们一直强调"交流的本质就是加强人与人之间的关系",但实际上人与人之间从一开始就存在着各种各样的矛盾。

即便在"为了日本、为了日本人"这个意见上达成一致，但赞成发展核能派与反对发展核能派却是永远不会相交的两条平行线。

即便标榜着"世界和平"，却"与邻国之间存在领土争端"，最终就只能是一味地强调自己的正义。

这种结构在我们身边的交流之中也同样存在。

社会的"常识"，如果换一个角度来看的话，就是通过教育对大多数人进行后天的洗脑。

以少数服从多数的原则为例来解释的话，或许会更容易理解。

假设现在有 A 和 B 两种选择。

A 的支持者占 48%，B 的支持者占 47%，其余 5% 持其他不同的观点。因为采取少数服从多数的原则，所以 A、B 都以获得 51% 的支持率为目标，反复地强调自己的主张。

在这种情况下，持少数意见的 5% 的人几乎被彻底忽略。

不管是 A 的支持者还是 B 的支持者，都认为自己是正确的，并且在这种偏见的影响下一步也不肯退让。他们相互攻击对方的弱点，强调自己的正确性，力求获取超过半数的支持率。

为了达到目的，双方甚至会不择手段地采取一些阴谋诡计，或者把少数派拉拢到自己的阵营之中。

双方的交流越频繁，相互之间的矛盾和分歧就越严重，完全无法产生共鸣，最终只能通过数字的逻辑来做出判断。

当最终分出胜负之后，竞争的事情越重要，失败者就越悔恨，这种悔恨的感情往往会影响到人的理智，使得国会骚乱之类的闹剧在政界屡见不鲜。

对于对立结构的组织来说，这样的情况是无法避免的。

讨论与对话

双方充分交换意见的行为被称为"讨论"。"辩论"则是练习讨论的方法之一。

讨论的语源意思是"彻底分解"。而辩论的语源意思则意味着"战斗"。

不管是讨论还是辩论,都是成为民主型"数字胜利者"必不可少的对立型交流。

虽然并非全都如此,但公司的会议、志愿活动的集会,甚至小学的学生会,全都充斥着这种交流方式。

我并不认为这种交流方式是错误的。尤其是在当今这个"越来越多的年轻人不愿意说出自己的意见"以及"越来越多的人将大事化小、小事化了的和稀泥态度误认为交流"的时代,拥有自己的意见并能够将其准确地表达出来的交流能力非常重要。

但我也同样认为，在今后的时代，交流应该跨越对立结构的阶段，进化成为"共鸣、共生型交流"。

不过凭借以分解和战斗为语源的行为，完全无法实现交流的进化。

因此，我认为将"讨论"和"辩论"替换为"对话"，或许是实现进化的方法之一。

"对话"是著名的物理学家戴维·玻姆提出的理念。

玻姆在其著作《论对话》中这样写道：

讨论就像打乒乓球，参加讨论的双方不停地把自己的想法打出去。这项运动的目的在于取得最终的胜利或者增加自己的分数。

但在对话之中，没有人追求自己的胜利。如果有一个人取胜的话，所有人都将胜出。如果有一个人发现问题，所有人都会跟着受益。

对话意味着所有人都会参与进来，相互合作，人与人之间没有争斗，而是大家一起努力奋斗。也就是说，所有人都

是胜利者。（笔者根据原文总结）

玻姆提倡的主张虽然主要是以对话这种方法为中心，但也为人与人之间实现更深层次的交流指明了方向。

从结论上来说，对话的目标就是实现"没有失败者的交流"。

或许有人觉得"怎么可能有那种好事"，但我们就是要努力将这种"好事"变为现实。

前文中提到的A与B的讨论，就像图3-2的情况一样。A的图形是○，B的图形是△。○与△是完全不同的两个形状，找不到任何共同点。因此两者之间的讨论只能是"互相攻击"。

但如果将"讨论"转变为"对话"，那么双方就会开始思考"有没有能够同时满足○和△的形状"。

要想做到这一点，首先必须站在对方的角度去理解对方所说的话。

在讨论的阶段，向对方做出让步就等于承认失败，所以没有人会这样做。但在对话之中因为不存在失败者，所以相互之间都能够站在对方的角度去理解对方所说的话。

如果在平面图上的○和△换成立体图的话会变成什么样呢？假设○和△这两者同属于一个圆锥体，那么即便是在平面图上看起来完全不相容的○和△，在立体图之中也拥有了共同点。

"虽然从本质上来说两者都是圆锥体，但○的支持者只从下面看，而△的支持者只从侧面看。"

也就是说，双方只不过是站在不同的角度看同一个问题。只要让双方认识到这个事实，就能够使双方从对立走向合作。

在实际进行交流的时候，如果能够从讨论和辩论的对立结构稍微转变一下角度，进入到对话的世界，就可以使双方增加更多的视角，更加多元地认知事物，从而实现共鸣型的交流。

也就是从"虽然道理都懂（能够理解），但就是无法接

讨论（对立型交流）

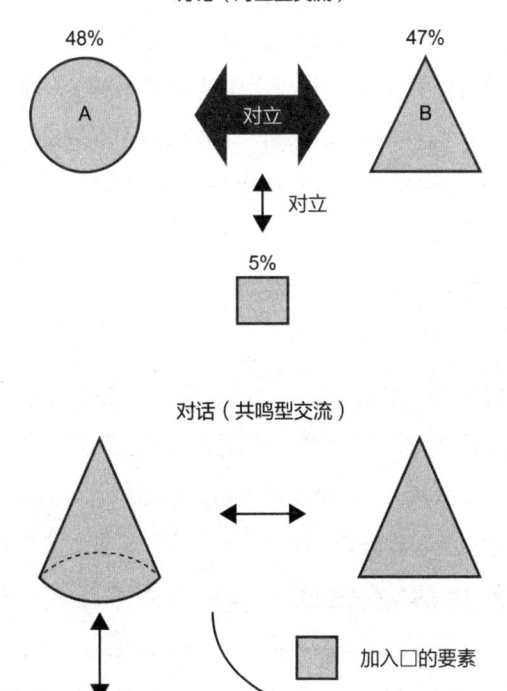

48% 47%

A ⬌对立⬌ B

↕对立

5%

对话（共鸣型交流）

加入□的要素

?

图 3-2 讨论与对话

受（不愿做出让步）"的对立关系，进化到"能够相互理解，向着同一个目标共同前进"的共鸣关系。

这种进化不仅适用于少数服从多数的情况，也同样适用于"不同世代之间的交流隔阂""面对面交流与网络交流的方法""共鸣团队的状态"等各种情况。

对话型的交流还有一个非常重要的特点。

在讨论的情况下，一旦○派取得51%的支持率，那么△派以及另外5%少数派的意见就会被完全否定。

如果○派和△派以圆锥体为前提展开对话，那么5%少数派的意见就不会遭到忽视。

比如5%的少数派提出"我们认为是□"。在讨论型的交流中，这种意见完全不会引起任何的重视；但在对话型的交流中，○和△双方就会从"圆锥体之中加入□的话会变成怎样的图形呢？或者加入怎样的条件之后可以将□也吸收进来"的视角出发，更加整体地展开思考。

一旦实现这样的对话型交流，所有参与者都将不再对立，而是朝着同一个方向前进，并且提出具有建设性的意见。

当然，即便有人提出错误的意见并且遭到其他人的反对，这个人也不会成为失败者，而是会成为帮助其他人继续展开思考的"学习经验"。当有人终于提出正确的意见时，就是"所有人的胜利"。

大家听说过"心流"这个词吗？

这是心理学家米哈里·契克森米哈赖提出的概念，简单说就是"精神完全集中达到忘我的状态，能够发挥出超常能力"的心理状态。

许多现代运动员也在运动中经历过心流，他们称此状态为"在心流区中"。比如大家在看排球或者网球比赛的时候，有时候会出现实力较弱的一方连续得分甚至赢下对局的情况。这就是因为此实力较弱的运动员处于"心流状态"或者说"在心流区之中"产生的结果。

心流状态也可能出现在组织之中，只不过这种状态是可遇而不可求的。

我个人认为，要想让组织进入心流状态，前文中提到的通过对话型交流实现共鸣思考是必不可少的。

请大家再看一下图 3-2。

如果在圆锥体中加入□的话，会变成什么样的图形呢？或许有人会想到"梯形"，那么具体应该如何实现呢？

请大家带着轻松的心情来实际尝试一下吧。

通过进行这样的尝试，能够提高我们在日常生活之中的交流能力。

利用思维导图来进行对话

日本人并不擅长对话型的交流。

因为日本人从小就被要求"只能回答唯一的正确答案",接受的是以考试为中心的应试教育,被灌输的是"在竞争中取得胜利才能获得幸福"的价值观。所以日本人的交流习惯完全是对立型的。

大家听说过"头脑风暴"这个概念吗?

它就是为了尽可能多地集思广益,让所有人自由地发言,但不急于得出结论,属于一种集体思考的方法。

头脑风暴最重要的规则就是"不得出结论"以及"不否定他人的意见"。这是一种与讨论相比更接近于对话的方法。

最近,越来越多的企业和学校开始导入头脑风暴的思考方法。

虽然这本身是件好事,但我在学习会和研讨会上进行头脑风暴的时候,却发现很多人在不知不觉中就会走到"否定他人的意见""企图得出结论"的方向上去。

有一次我在某所大学做讲座时,指导学生进行头脑风暴,结果讨论只进行了5分钟,负责主持的学生竟然说道:"刚才大家分别提出了A意见和B意见,现在我们来选择一个吧。"这实在是让我大吃一惊。

从小就刻印在脑海之中的对立型交流习惯对我们的影响远远超乎大家的想象。因此,要想导入对话型交流,必须让所有的参加者都非常清楚地理解这个概念,然后再通过具体的实践,让参加者亲身体验到什么是对话型的交流。只要不断地积累这样的经验,就能使人自然而然地养成对话型交流的习惯。

这个时候就轮到思维导图登场了。

事实上,思维导图是帮助我们掌握对话型交流能力的非常有效的工具。

思维导图不但能够使个人拥有自然思维模式,对组织来说同样有效。

所谓"自然思维模式",就是将人类与生俱来的大脑能力自然而然地充分发挥出来的思考方法。

使用大脑的第一语言绘制思维导图,可以使大脑进入自然运转的状态,从而充分地发挥出左脑、右脑、多元智能和感性的全部能力。如果组织之中的每一个人都能够达到这种状态,那么组织也将实现自然思维模式。

将思维导图在组织内共享,所有人共同展开讨论,或者让所有人一起绘制一个思维导图,最终形成统一的作品,这样就可以很容易地实现"组织的自然思维模式"。

从脑科学的角度来说,绘制思维导图不仅需要大脑新皮质的活动,还需要与感情、知性、感性等有很深关联的大脑旧皮质以及脑干的活动。因此,只要坚持绘制思维导图,就能使人产生"安心感"。

而当组织中产生这种"安心感"的时候,就说明在组织内部已经出现了"共鸣型交流"。

这样一来,组织中被传统的对立型交流所扼杀的个性将复活,每个组织成员都能够自由地发挥自己的想象,使组织实现突破。

从比较轻松的练习开始

接下来,我将为大家介绍几个让组织成员绘制思维导图,获得自然思维模式的方法。这些方法是我在讲座中经常使用的,也是经验丰富的思维导图师常用的,有效且非常简单。

当整个组织共同绘制思维导图时,不应该一上来就以"目前有待解决的问题"这样沉重的内容作为主题,而应该以轻松的心态,从简单的主题开始练习。

比如我在第二章中提到过曲别针迷你思维导图,组织可以首先从绘制这样简单的思维导图开始。如果组织中有 10 个人的话,就让 10 个人全部参与进来,每个人都绘制一幅思维导图。

①每个人以"曲别针的使用方法"为主题自由地绘制思维导图。

②每5人一组,按顺(逆)时针方向将自己的思维导图交给身边的人。

③用不同颜色的笔在自己接到的思维导图上自由发挥,补充内容。(每幅思维导图2分钟)

④重复同样的操作4次,完成一次循环。(共计8分钟)

⑤拿回其他人补充完的思维导图之后,自己继续画上补充内容。(3分钟)

⑥同一组内的5个人对自己比较在意的地方展开自由讨论。(3分钟)

上述过程共计20分钟。与口头交换意见相比,这样做更能够使相互之间加深了解。

⑦在10个人之中选择一名主持人。

⑧让10个人分别根据自己绘制的思维导图进行自由发言。

⑨主持人将大家提出的意见以思维导图的形式绘制在白

板上。（共计15分钟）

⑩10个人对自己比较在意的地方展开自由的讨论。（5分钟）

⑪如果时间充裕的话，替换基本分类概念，将⑦至⑩的流程重新走一遍。

整个头脑风暴大约需要花费40分钟，但能够有效地使组织进入"共鸣模式"。

之所以有这样的效果，是因为头脑风暴自然地实现了以下的内容：

●每个人的意见都不会遭到否定，可以自由地补充分支内容。

●通过分析他人的思考，可以使自己的思考更加开阔。

●通过了解其他人的思考习惯，可以提高合作时的效率。

●所有人都能站在俯瞰的视角进行分析，拥有更多的思考角度。

●少数派的意见也能够充分地表现出来。

当然，大家在实际操作的时候，可以任意选择合适的主题，上述的时间花费也只是一个参考。只要牢记从轻松的练习开始，最终达到组织有效地进入"共鸣交流模式"的目标即可。

关于组织愿景的对话

思维导图具有提高学习素养的效果。因此,即便只是以非常简单的主题进行练习,只要让组织之中产生"共鸣"的萌芽,今后在正式解决课题的时候,这种力量就会派上用场。

当组织通过简单的思维导图练习掌握了头脑风暴的方法之后,接下来就可以尝试着用思维导图去解决组织面对的现实问题或者设定目标。

解决问题也有技巧。

绝大多数的组织在尝试解决问题的时候,一般采用的都是将问题点全部罗列出来,然后逐一解决的方法。但这种方法容易使团队的气氛变得沉重,而且经常会引发新的问题,所以我并不推荐。

既然解决掉负面的问题也不一定会变得更好,那不如想象一下问题解决之后的应有状态。

比如在竞技体育领域,有的队伍会提出"绝对不能失败"的口号。但每当喊出这句口号的时候,首先让人联想到的就是"失败"这个负面的信息。即便其本人不愿承认,但大脑之中关于"失败"的概念却是挥之不去的。也就是说,这个口号只会不断地加深大脑对"失败"的认知。

因此,将"绝对不能失败"替换为"我们一定会胜利"就要好得多。

同样,对于组织中存在的问题,与将问题点全部罗列出来相比,明确组织未来的应有状态和愿景更加合适。

①决定愿景的主题。(组织的应有状态,比如5年后实现目标时的状态、使顾客达到120%满意度的状态、事故率为零的现场……)

②让组织成员各自绘制思维导图。(15分钟)

至少用3分钟的时间来仔细地绘制中心图,也可以从自己的愿景和组织的愿景两方面来展开。

③2~3人组成一个小组，逐一分享内容。（5分钟）

分享的目的在于激活自己的思考，因此不必过于细致地把握他人内容的细节。

④选出主持人。

⑤在主持人的引导下自由发言（头脑风暴）。（5分钟）

⑥主持人一边听取组织成员的发言内容，一边决定中心图和基本分类概念，并在白板上绘制出来。

⑦以组织成员自由提出的意见为基础，绘制思维导图。（25分钟）

⑧根据绘制的思维导图，全员分享自己比较在意的内容。

如果人数较少的话，可以每个人依次进行分享。如果人数较多的话，可以分组进行分享，然后再由各小组的代表进行分享。

⑨将绘制的思维导图打印出来，贴在所有人都能看到的地方。

基本的流程与上一节中提到过的简单练习没什么区别。

还有就是不要拘泥于实际的问题，而是尽可能轻松地去想象"应有状态"。

大家看着同一幅思维导图进行讨论的时候，就会自然而然地进入对话的状态。在这个时候中心图将发挥巨大的作用，因此请一定要多花些时间认真地绘制中心图。

通过共享思维导图提高交流效果的例子不胜枚举，以下这些情况都可以采用这个方法：

●制订公司计划
●设定团队目标
●研讨会针对目的与方法的讨论
●确认新的工作手册
●确认与解释公司的信条
●分析全公司或者全家应该去哪儿旅行
●全家人商量应该购买哪款汽车
●讨论关于派对和活动的注意事项
●各种企业内部研修

关于组织思维导图的建议

前文中介绍的这种方法被称为"组织思维导图"。

图 3-3 是我在教员研修会上指导参加者绘制组织思维导图时的情况。

这次研修会的参加者从小学教师到大学教授,涵盖的范围十分广泛,主要内容包括如何教学生绘制思维导图、思维导图的作用、未来学校的责任、在教育界普及思维导图的方法等。

【组织思维导图的流程】
① 4~5 个人分为一组。
②根据主题,各自绘制思维导图。(10 分钟)
③在桌子上准备纸和彩笔,最好不准备椅子,鼓励参加者自由地走动。

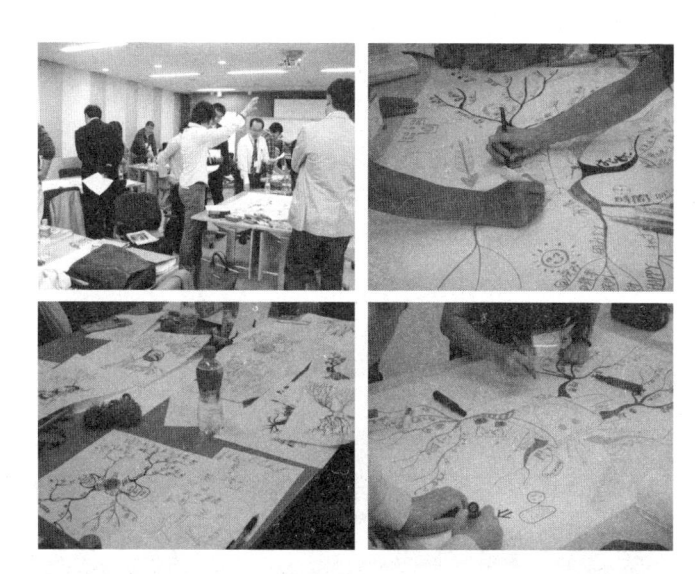

图 3-3 教员研修会上参加者绘制组织思维导图时的情况

④各组选出一名主持人。

⑤小组成员分享自己的思维导图，进行自由讨论。（10分钟）

⑥在主持人的引导下，先画出主分支，然后决定基本分类概念。

⑦决定基本分类概念之后，全员拿起笔，一边交流一边

第3章 能够引发共鸣的笔记术

自由发挥,补充分支。

⑧在一定程度上共享信息之后,开始绘制中心图。

⑨继续补充中心图和分支。(20分钟)

⑩如果空间充裕的话,将各个小组的思维导图都贴在墙壁上。

⑪各个小组的主持人分享自己小组的思维导图。(5分钟/小组)

图3-4 组织思维导图最好从分支开始绘画

图 3-5 收集到充足的信息之后再开始绘制中心图

⑫所有人重新选出一名主持人,然后一起针对自己比较在意的内容展开讨论。

在绘制组织思维导图的时候,可以先将中心图的部分空出来,从分支开始绘画。

虽然中心图是决定一个思维导图风格的重要因素,应该首先画出中心图,但对组织思维导图来说,很难一开始就确定中心图。在这个时候，可以让组织成员分别绘制思维导图，然后一起绘制分支，在收集到足够的信息之后自然就能够确定中心图了。

组织成员一起绘制分支时，应该鼓励大家积极发言和提出自己的意见，即便出现不同的意见，也不能进行否定，而是应该不断地增加信息，补充分支。

图 3-6 是思维导图讲师矢吹博和在宫城县登米市役所绘制组织思维导图时的实例。

登米市是在平成大合并时由 9 个町组成的市。因此这些市役所的职员都有"以前的工作手册完全派不上用场""一个人要做五个人的工作"之类的苦恼。为了培养出自律行动型的职员，市役所决定让职员进行思维导图的研修。

之前分别在不同的町役所工作的职员经过组织思维导图的训练之后，终于拥有了共享的意识，在新成立的登米市役所中顺利地开展了工作。

图 3-6 在宫城县登米市役所绘制组织思维导图的情况

第 3 章 能够引发共鸣的笔记术

思维导图的世界咖啡

要想培养对话型的组织文化,"世界咖啡"是非常有效的方法之一。

世界咖啡的具体操作方法如下:

首先将参与者分为几组,每一组选择一张桌子坐下,然后各组选出主持人,在一定时间内针对选定的主题展开讨论。时间结束之后,除了主持人之外的其他组员移动到其他的桌子,听主持人介绍上一组讨论的具体内容,然后继续展开讨论。重复此过程几次之后,由各组的主持人总结信息并进行分享。

这是 1990 年偶然间在美国兴起的交流方法,最初是参加者在桌布上随意地写下自己的想法,现在则在桌子上事先准备好纸和笔供参与者自由地使用。

如果将思维导图与世界咖啡搭配到一起,能够取得更好的效果。

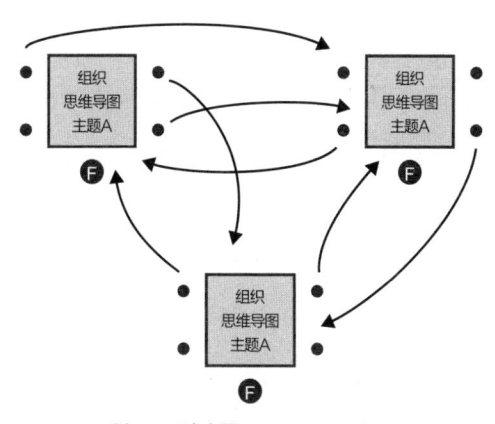

例 · 1个主题
(15人) · 3张桌子
· 除了主持人之外的其他组员自由移动2次

图 3-7 世界咖啡①

按照前文中介绍的方法,参加者利用一定时间绘制组织思维导图之后,自由移动到其他的桌子,听主持人介绍完具体内容之后,将留在桌子上的组织思维导图继续补充完整。

移动可以以小组为单位一起移动,也可以是各个组员自由地移动到其他桌子。

最后,将完成的思维导图贴在墙上,由各个桌子的主持人与所有人共享信息。

这种方法比前文中介绍的组织思维导图更优秀的一点在于：因为所有的思维导图都是自己参与制作的，所以参加者能够从更多的角度展开思考，更进一步提高共鸣、共生交流的效果。

当组织成员绘制思维导图的熟练度提高之后，组织思维导图的效果也能够得到提升。共享的思维导图越优秀，参加者从中得到的启示和启发也就越多。

最高级的世界咖啡

使用组织思维导图,可以使世界咖啡得到更进一步的发展。这就是"在短时间内同时讨论多个主题"的最高级的世界咖啡。

在上一节中,我为大家介绍了多个桌子讨论同一个主题的世界咖啡,实际上让每一张桌子分别讨论不同的主题也是可以做到的。

我们通过模拟来了解一下具体的流程。

【同时讨论多个主题的世界咖啡的示例】

- 团队人数15人(5人×3组)
- 桌子数量3张
- 主题3个
- 时间大约140分钟

例　　·3个主题
（15人）·3张桌子
　　　·除了主持人之外的其他组员自由移动2次

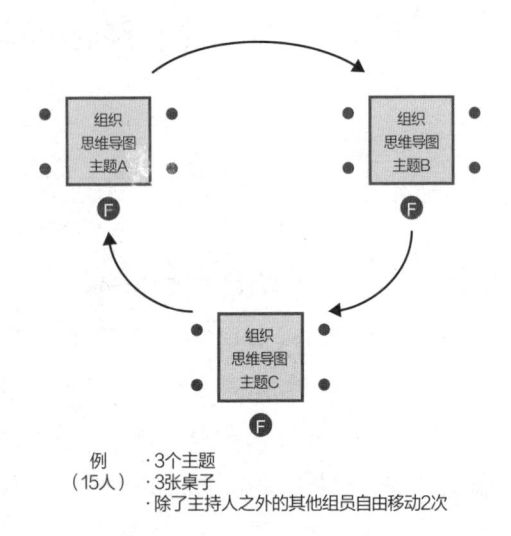

图 3-8 世界咖啡②

①选出 3 个主题。

●所有参加者以"适合进行小组分析的主题"为主题绘制思维导图。（10 分钟）

●选出全体的主持人。

●参考"关于组织愿景的对话"一节中介绍的方法，由主持人在白板上画出思维导图。

●在主持人的引导下,所有人一起选出3个主题。(10分钟)

(主题示例)

A 如何让顾客获得120%的满意度

B 如何提高员工的工作积极性

C 如何提高业务效率

②每个人准备3张纸,分别以A、B、C三个主题绘制思维导图。(共计15分钟)

③将参加者分为3组,每组5人,分别坐在3张桌子旁边。

④选出各小组的主持人。

⑤根据每个小组的主题绘制出组织思维导图。(20分钟)

⑥除了主持人之外的其他人移动到其他的桌子。

⑦主持人将具体内容告知新来的人,然后新来的人继续将组织思维导图补充完整。(20分钟)

⑧重复⑥⑦。(20分钟)

⑨回到最初的桌子之后,听主持人说明之前的情况。(2分钟)

⑩将3张绘制完成的组织思维导图贴在墙上。

⑪主题 A 的主持人分享信息。（5 分钟）

⑫其他主题的主持人自由讨论自己比较在意的内容。（3 分钟）

⑬所有人自由讨论自己比较在意的内容。（5 分钟）

⑭替换主持人，重复⑪⑫⑬的过程。（共计 40 分钟）

⑮空间足够的话，将思维导图贴在所有人都能看到的地方。

将思维导图应用于个人业务的时候，可以使一个人在同一时间处理多项业务。同样，将思维导图应用于世界咖啡时，也能够发挥出这种"多线程"的威力。

在上述例子中，因为所有人都同时针对多个主题展开对话，所以大家往往能够意识到"提高顾客满意度与提高员工工作积极性之间存在很大的联系"或者"年轻人认为提高某项业务的效率能够提高顾客满意度，但老员工却认为有些业务是绝对不能省略的内容"等自己一个人完全想不到的综合因素。

除此之外，这种更高层面上的问题共享还能够更进一步地提高组织成员之间的交流意识。

整个研修时间只需要不到半天的时间，就可以使15个人对组织的3个重要问题同时展开对话，达到共鸣、共生交流的效果。

我们的大脑本来就是多线程的工作模式，非常喜欢关联、思考。从脑细胞的成长过程可以看出，神经元相互之间能够通过神经元接点的接触起到加倍的效果，使人体实现复

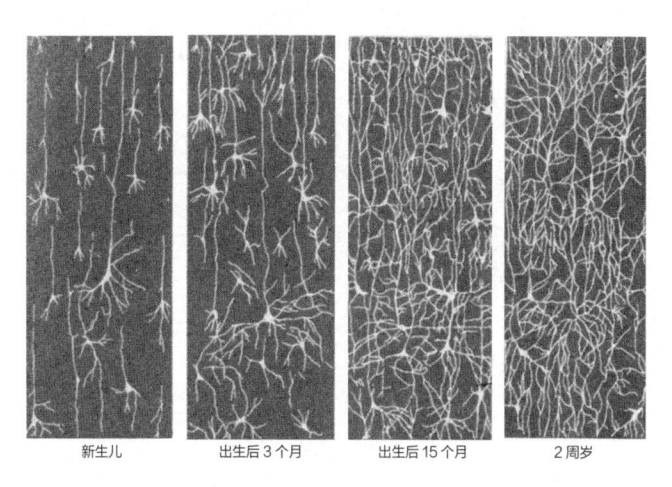

图3-9 脑细胞的成长过程

杂的功能（图3-9）。

使用思维导图的世界咖啡也相当于通过思维导图使组织成员的个人思考在组织中实现了加倍的效果，组织思维导图的绘制过程完全可以看作是脑细胞的成长过程。

当我询问这项练习的参与者都有什么感想时，大家的回答基本都是"获得了许多新发现""完全忘记了时间""超乎想象"。

综上所述，通过使用思维导图，非常有助于组织成员掌握自然思维模式。

第4章

带来幸福的思维导图

习惯化带来的"好事"

在前文中,我为大家介绍了笔记作为思考工具的重要性,以及有效地绘制思维导图的方法。

那么,当我们能够真正地将笔记作为思考工具,并且养成绘制思维导图的习惯之后,会给我们带来哪些"好事"呢?让我们通过事例来看一看吧,这些事例都是参加过我的讲座和学习会的参加者的真实事例。

图 4-1 NPO 法人国际自然学校日光雾降分校的管理者金井聪先生

问题学生的改变

在日光有一家叫作NPO（非营利团体）法人国际自然学校日光雾降分校的自然体验学校。这是提供诸多自然体验项目以及开展年轻人自立支援事业的NPO法人。

雾降分校的管理者金井聪先生几乎在所有的活动之中都导入了思维导图，并且取得了许多成果。比如在孩子们制订露营计划或事后回顾露营经验时，将思维导图作为思考工具来使用，可以使每个孩子都能拥有俯瞰的视角，从而对整个体验的回顾进行整体的把握。此外，思维导图还能够激发出每一名参加者的潜能。

2008年，在金井先生的委托下，我为国际自然学校的志愿者举办了一次集训式讲座。图4-2就是在那次讲座时志愿者共同绘制的组织思维导图之一，主题是"2018年日光的应有状态"。

图 4-2 志愿者绘制的组织思维导图

通过绘制这幅思维导图，可以使所有人明确 10 年后的愿景，并且统一前进的方向。虽然志愿者在各自的领域都是非常优秀的人才，但在学习了思维导图之后才真正明确了自己在志愿者团队之中的责任和目标。这幅思维导图至今仍然挂在日光雾降分校的墙面上。

国际自然学校之中聚集了许多"家里蹲"和不愿上学的问题学生。

图 4-3 指导者与参加者一同绘制思维导图

在这里，指导者和参加者每天都通过思维导图进行各种各样的活动。

在这些参加者之中，有一位不愿去学校、每天都在家里玩网络游戏的大学生 B 君。

B 君在上大学之前一直都很勤奋好学，走在"正确"的轨道之上。但在上大学之后，他好像忽然失去了奋斗的目标。

而让"家里蹲"B 君的人生出现巨大转变的，就是图 4-4 的思维导图。

2009 年夏天，B 君在父母的建议下以参加者的身份来

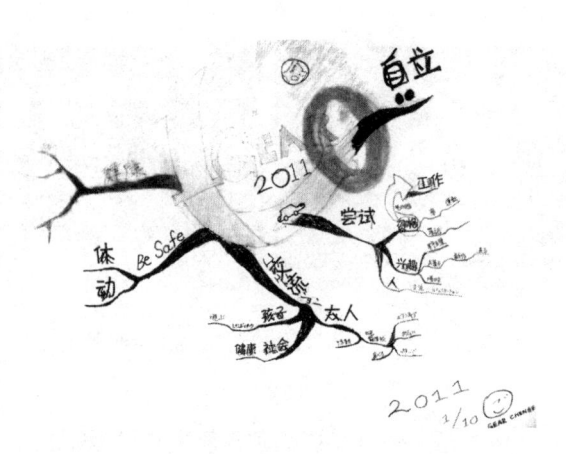

图 4-4 改变"家里蹲"大学生的思维导图

到雾降分校，但当他 2010 年 10 月再次回到雾降分校的时候，已经下定决心在这里做一名志愿者。后来，他向金井先生学习思维导图，并且在 2011 年以自己的抱负为主题绘制了一份思维导图，如图 4-4 所示。

金井先生这样说道："他似乎从这幅思维导图之中获得了非常大的启发。"

B 君的脑海里浮现出来的想法是"Gear Change"（换挡加速）。

在中心图的位置写着非常显眼的"Gear"字样，而穿过金黄色圆环的食指向外伸出,上面写着巨大的"自立"两个字。其他的基本分类概念则分别是"尝试"、"交流"、"Be Safe"(平安)、"健康"。

"自立"的主分支上没有发展出子分支,但如果换一个角度来看的话,"自立"这两个字或许也可以看作是中心图的一部分。上方的地球也给人留下深刻的印象。从这幅图不难看出,分支的绘制非常认真,能够使人联想到 B 君仔细绘制时的模样。

在分支上可以看到"资格"和"兴趣"等内容。后来 B 君决定去一家生产点心的企业面试,并顺利地得到了录用。虽然受东日本大地震的影响,B 君被迫辞职,但后来他又在一家荞麦面店找到了工作。现在 B 君在一家福利院作为正式员工发挥着自己的力量。

据说 B 君在雾降分校作为志愿者帮助其他孩子的时候,他意识到"为他人提供帮助也能够使自己感到幸福"。

像这样通过绘制思维导图来对自己进行审视,能够认清更深层的自己。有不少人都通过这种方法找到了适合自己的生活方式。

战胜人生痛苦的著作出版

我在推广思维导图的过程中遇到过许多令人非常感动的场面。比如作文只能写出3行的小学生,在绘制思维导图的时候却非常认真,简直判若两人。

参加我的讲座和学习会的人之中,有不少患有亚斯伯格综合征(神经发展障碍的一种,在外界一般被认为是"没有智能障碍的自闭症")和ADHD(注意缺陷与多动障碍,俗称多动症),以及有这种倾向的人。

实践证明,思维导图能够有效地帮助这些人在一定程度上改善生活质量,并完成之前难以做到的事情。

因出版《亚斯伯格综合征患者、妻子、母亲、社长》而闻名的安须直子就是思维导图的受益者之一。现在她已经出版了4本著作,为许多在人生中感到痛苦的人指明了前进的方向。

安须女士本来不擅长与他人交流,每次好不容易找到工作都会被很快辞退。她与丈夫之间的关系很不好,育儿也很不顺利……就在她处于崩溃的边缘时,一次偶然的机会让她参加了我的思维导图讲座。

她在讲座中得到了极大的启发,并且在她的一本著作中写道:

"当时,我为了能够兼顾工作与育儿,正在努力地寻找提高生活效率的方法。但我在听完思维导图的讲座之后,却获得了远远超出想象的收获,我的人生从此发生了巨大的改变。"

对身为讲师的我来说,如果听众之中有一个人能对我说出这样的话,我都会感激不尽。更何况这是写在出版的著作之中,简直让我感动得热泪盈眶。安须女士还写道:

"为什么我会感到如此快乐?为什么我如此享受绘制思维导图的过程?"

正如我在前文中介绍过的那样,思维导图是东尼·博赞参考天才的笔记开发出来的思考工具。安须女士在接触到思维导图之后,忽然意识到"大家之所以全都这么讨厌我,或许是因为我是与众不同、独一无二的天才"。

我经常在讲座上介绍达·芬奇和爱迪生的故事,或许安须女士也感到"他们的思考模式和我十分相似"。

为了搞清楚生活如此痛苦的自己究竟出了什么问题,她在互联网上查阅资料,阅读相关的书籍,最后又找专业的医师进行咨询,终于得知自己患有亚斯伯格综合征。

搞清楚原因的安须女士开始通过思维导图来解决生活中遇到的问题,并且将自己的经验整理成著作出版。

如今在安须女士的公司里,每天都挤满了举办讲座和学习会的人、参加讲座和学习会的人,以及单纯前来参观游览的人。

从我的角度来看,安须女士是通过使用思维导图,将之前散乱的思考整理起来,成功地提高了自己的交流能力。正如我在前文中反复提到过的那样,思维导图是对大脑来说最自然的做笔记方法。

通过将大脑的第一语言"可视化",能够使我们重新对自身进行审视。这样一来,在与他人进行交流时,我们就能够跨越各种复杂的表象,了解他人多样的性格以及不同的状况,找到大家的共同语言。

发生在小学 4 年级学生 O 君身上的变化

安须女士经常邀请我去她举办的讲座担任讲师,在这些讲座中,有一名"感觉生活很痛苦"的小学生给我留下了深刻的印象。

在一次讲座结束之后,这名小学生的母亲来到我的面前说道:

"我的儿子现在上小学 4 年级,他非常不善于'将看到的内容整理起来'以及'将获得的信息输出'。所以他从上幼儿园起就一直被老师批评'整天迷迷糊糊的,没有干劲''打不起精神'。但我知道他是个很有上进心的孩子,他也非常希望自己能够做好事情。

"不过,仅凭他自己一个人很难完成'观察''思考''行动'的一系列动作。以前他会将自己要做的事情列表贴在冰箱上,在列表的帮助下他总算是能完成自己想做的事。但当他上小学 2 年级之后,他希望凭借自己的力量完成事情的愿望更加强烈，结果就不愿意看列表了。

"我感觉思维导图可能比较适合他，所以想来试试看。"

这位母亲说完之后就匆忙地离开了，而我则对她所说的话深以为然。因为根据我的经验，这位母亲的判断完全正确。

下个月举办讲座时，这位母亲也准时前来，同时她还带来一幅思维导图（图4-5）。这幅思维导图的主题是"O君的一天"。

图4-5 O君的一天

O君不再使用之前的那种列表,而是与母亲一起商量,由母亲绘制了这幅思维导图,并且贴在了冰箱上。

那么,O君在使用思维导图之后都发生了哪些变化呢?

"他不再像抵触列表那样抵触思维导图。"

当我询问原因时,O君的母亲回答道:

"我认为是因为他能够瞬间把握整体内容,所有信息一目了然。"

同时她又补充道:

"而且因为他能够站在俯瞰的角度直观地审视所有的信息,所以更容易记忆。"

发生在O君身上的变化连他的母亲都感到有些不可思议。

"如果只有文字信息的话他就不愿去做,但换成思维导图之后,他似乎有了一种'自主选择'的感觉,于是就愿意去做了。"

我也认为能够"自主选择"是导致O君发生巨大变化的主要原因。

信息只有在经过自己的滤镜过滤之后才能被认知,被认知之后才能转变为行动。

之前那种列表形式的信息，一定给 O 君造成了巨大的心理压力。而将列表信息转变为思维导图之后，不但使 O 君更容易认知自己应该采取什么行动，也使其更容易将信息转变为行动，并且能够自主选择行动的先后顺序。

后来，O 君的母亲开始鼓励他绘制思维导图并展开行动。

O 君在母亲的帮助下通过思维导图进行了许多全新的尝试与挑战，据说在暑假过去一半的时候，他就已经通过思维导图完成了 To Do List 上的大部分内容。

接下来我们看一看 O 君写的读后感草稿。

O 君不擅长输出信息，作文最多只能写出 3 行。确实，将大脑之中的思考转变为文字并不是一件容易的事情，对 O 君来说更是难上加难。

但只要掌握了通过思维导图将大脑之中的想法转移到纸上的方法，就能够顺利地实现思考的"可视化"。

O 君为了写《李先生的葵花汤》这个故事的读后感，首先利用思维导图对思考进行整理，然后再将思考转变为文章。

首先，O君的母亲引导他画出"何时""何地""何人""何事"的分支，然后由O君本人将分支补充完整，最终完成的读后感图如图4-6所示。

虽然这篇读后感之中有不少的语法错误，但对于之前只能写出3行作文的O君来说已经是很大的进步。

图4-6 O君自己绘制的思维导图与《李先生的葵花汤》读后感

O君的班级总共有36名同学，其中一项暑假作业是："从你读过的书中选出一名角色作为我们班级的第37名同学"。于是O君打算将《猫的出租车》之中的角色选为第37名同学，并绘制了思维导图（图4-7）。

从 O 君开始学习思维导图到绘制出这些完成品只过了短短 2 个月的时间。今后他的成长也非常令人期待。

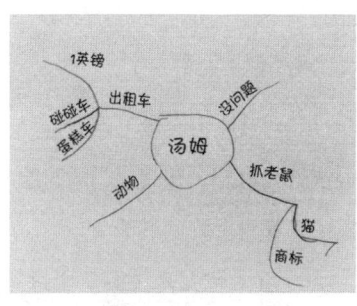

图 4-7 利用思维导图完成暑假作业

习惯指导专家的读书革命

"对我来说,读书就像是'采购'。但书如果只读一遍很快就会遗忘。在阅读的同时绘制思维导图来加深记忆,是发生在我身上的读书革命。"

《30天改变人生的"坚持"习惯》《让自己焕然一新的"改正"习惯》的作者古川武士这样说道。

古川先生是思维导图的忠实拥趸,他在日常生活和工作中几乎都使用思维导图,但他绘制最多的还是"读书导图"。

对古川先生来说,"能够将每天的阅读质量提高到什么水平"是其工作之中最重要的关注点。

古川先生认为:"利用思维导图来帮助阅读,能够记录重要的语句,还可以通过自己的滤镜来理解关键词,因此可以直观地将书中的知识输入大脑,还能够对书中的信息进行补充。"

古川的思维导图之中最值得各位读者学习的，就是他绘制中心图的方法。

"与将书籍的标题文字作为中心图相比，将自己对书籍的印象以图画的形式绘制出来更容易使自己联想到这本书的整体内容。如果将书籍比喻为银河的话，与一颗一颗单独的星星相比，把握银河的整体形象更加重要。我认为通过绘制中心图就能做到这一点。"

此外，古川先生绘制思维导图的过人之处在于完全没有任何心理上的枷锁。也就是说，从他绘制的思维导图中完全看不出"一定要画得完美"或者"必须画好"之类的束缚。

有一次我和古川先生一起参加谈话节目时，他现场绘制了一幅思维导图，同时这样说道：

"内山先生介绍的那些规则，很多我都没有遵守，但从习惯养成的角度来看，应该从自己能够做到的事情开始。因为如果不这样做的话就相当于给自己增加了难度。当感觉有难度的时候就降低难度，总之先从轻松的方式开始，尽量增加频率。这样一来很快就能养成习惯。"

他说得完全没错。

从作为讲师的立场上来说，我往往习惯于在讲座和书籍中仔细地对规则进行说明。但事实上，绘制思维导图并没有严格的规则，也没有"不能这样做"之类的束缚。

规则只不过是"这样做可以更好"的一种指标罢了。不擅长绘画、顺序颠倒、不擅长使用颜色、无法进行总结，这些都不是问题，思维导图最重要的就是开始养成习惯。

就像古川先生说的那样，摘掉心理上的枷锁，大家一定也能够养成绘制思维导图的习惯。

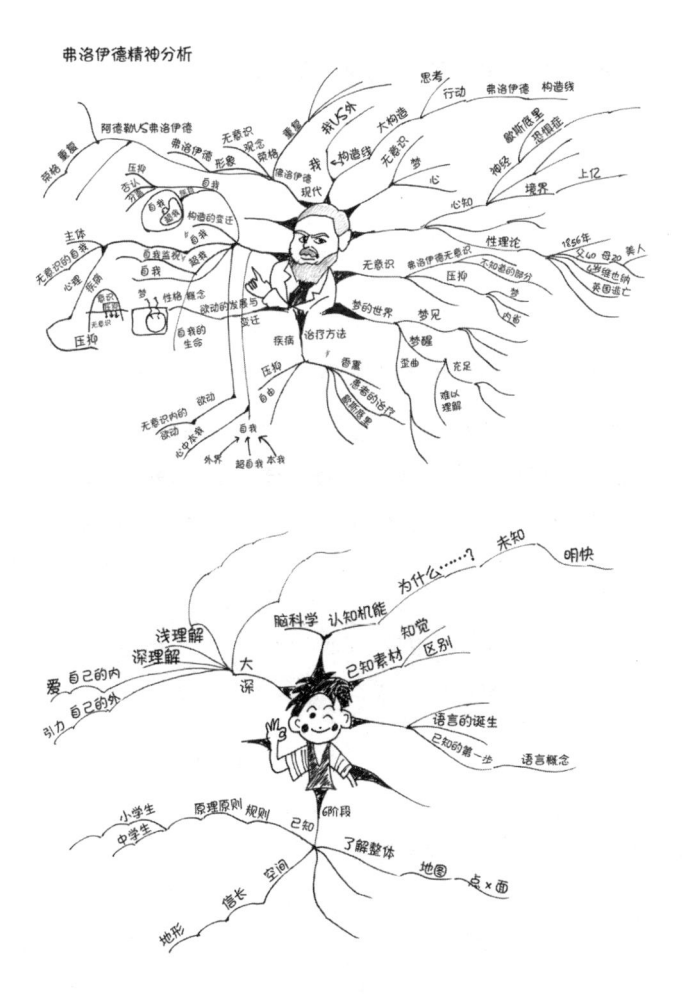

图 4-8 习惯指导专家的思维导图

在比赛中夺得第一名的乘务员

ANA 有一名叫作布莱凯丽祐纪的乘务员。

她在 2013 年举办的"乘务员技能大赛"之中战胜了 6000 多名竞争对手,夺得了第一名。电视新闻也对这场比赛进行过报道。图 4-9 就是她当时绘制的思维导图。

布莱凯丽女士在日常生活以及工作的方方面面都使用思

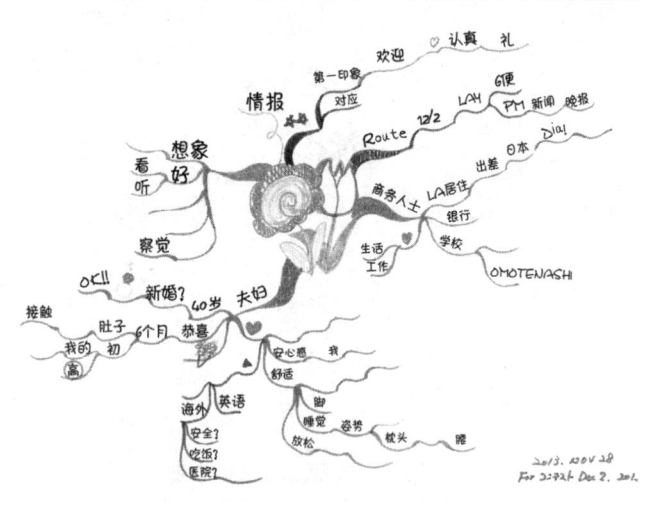

图 4-9 在比赛之中取得第一名时的思维导图

维导图,她也是我作为讲师举办讲座时最早的一批学员之一。

布莱凯丽女士这样说道:

"乘务员经常要同时处理许多工作。比如突然出现意料之外的问题、有乘客突发疾病,或者有乘客进行投诉,当出现这些突发的问题时,我们必须及时地调整工作的优先顺序。在满足乘客所有需求的同时,将乘客安全且满意地送达目的地就是我们的工作。思维导图在我的工作之中发挥了非常重要的作用。"

在图 4-9 中,能够看到分支上写着"Route"(路线)以及顾客信息和目的地信息等内容,还有"OMOTENASHI"(服务)的文字。由此可见,布莱凯丽女士将获取到的信息非常充分地利用了起来。

使用思维导图能够站在俯瞰的视角把握信息,可以轻而易举地对信息进行补充和调整,非常适合用来处理同时出现多项任务的工作。

从这个角度来说,教师、医生、护士、护理等工作以及活动筹备等工作都可以使用思维导图。

图 4-10 是布莱凯丽女士指导后辈们"交流技巧"时使

用的思维导图，也就是相当于"讲义"一样的东西。

从右上角"目的"主分支开始到左上角"总结"主分支结束，所有的主分支按照顺时针的顺序将全部的说明内容都囊括在内。

图 4-10 关于交流技巧的思考

对使用思维导图进行培训的好处，布莱凯丽女士这样说道：

"在进行培训时，事先准备好讲义确实很有帮助，但如果用逐条列举的方式写讲义,就很容易进入'照本宣科模式',这样很难将讲义的内容真正地传达给学生。

"讲义都是倾注了讲师的心血制作而成的,但如果在讲授时只是照着讲义的内容读出来,就很难打动听众的心,甚至还会给听众留下无聊的印象。而用思维导图的方式来制作讲义,则能够充分地将讲师的想法传达给听众。因为自己的亲身经验和讲授重点已经在分支上清楚地表示出来,所以在实际讲授时也能够做到有条不紊,条理清晰。"

我本人曾经做过很长时间的教师,因此知道"按照时间轴书写"是制作讲义的基本方法。一般来说,讲义都是将授课内容从上到下地逐条罗列出来(教师的世界甚至有种"必须这样做"的不成文的规定)。

但正如布莱凯丽女士所说的那样,这样做很容易使教师进入"照本宣科模式",完全无法做出有吸引力的讲解。

此外,这样做还难以根据学生的状态对授课方法进行调整,也无法与学生展开互动。

我在前文中也提到过,思维导图是"符号的集合体"。

使用思维导图，进入"对自己写的符号进行说明的模式"，就可以使自己的讲解变得更加生动形象。因为越是重要的内容，距离主分支越近，所以信息的重要度一目了然，在讲解时就不会出现遗漏。

此外，利用思维导图进行讲解时，还可以根据学生的反应选择合适的分支内容做更进一步的说明。这样一来，即便是新手教师，也能够顺利地完成授课内容。

女子赛艇选手的巨大转变

在赛艇界有一位叫作长岛万记的女选手。

她除了本职的体育运动之外,还经常参加社会活动。

长岛万记曾经有一段时期总是无法在比赛中取得名次,她几乎完全失去了自信,但也是在这个时候,她感觉自己有责任为社会做出贡献,于是以个人的名义开始开展社会活动。

她开展了一个名为"万记项目"的公益活动,具体内容是用比赛胜利获得的一部分奖金制作粉丝们喜欢的商品(毛巾、贴纸、T恤等)并进行销售,将获得的资金用于受灾地区的复兴和公共设施建设,也就是运动员用自己的奖金作为资金,借助众多粉丝的力量来为社会做出贡献的活动。

如果直接将自己获得的奖金捐赠给受灾地区,手续非常简单。事实上有许多运动员都是这样做的。

但长岛万记想到的却是集合众多粉丝的力量开展活动。

比如用50万日元的奖金购买1000条原价500日元一条的带有卡通人物的毛巾，如果这些毛巾全部销售一空，即便同样还是50万日元，但其中却包含有1000名粉丝的支持和热情（顺带一提，毛巾上卡通人物的设计都是由长岛万记亲自完成的）。这样的活动相当于将运动员与粉丝的心联系到了一起。

而且"万记项目"并不是直接将资金捐赠出去了事，而是会指定资金的用途，比如"这笔资金用于向××福利院捐赠××乐器"或者"向受灾地区××儿童福利院捐赠××"等。

长岛万记会在自己的博客上汇报"万记项目"的活动内容，后来电视、报纸和杂志等媒体也对她的社会活动进行了大规模的报道。

如今长岛万记已经成为赛艇界的名人，日本赛艇协会发行的选手招募手册上用了很大的篇幅对她进行介绍，官方还邀请她为训练生进行演讲。

更重要的是，自从开展社会活动之后，长岛万记的比赛成绩也取得了飞跃性的进步。现在她不但跻身一流选手的行

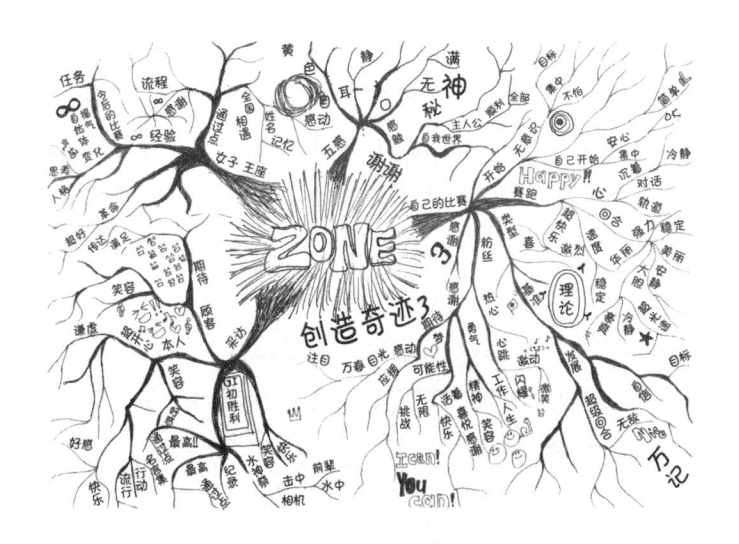

图 4-11 改变赛艇选手人生的思维导图

列，还在最高级别的赛事中取得了第一名的好成绩。

而这一切，都是从图 4-11 所示的这幅思维导图开始的。

虽然长岛选手后来每年都坚持绘制几百幅思维导图，但这幅思维导图对她来说是非常有纪念意义的第一幅思维导图。

据她说，这幅充满能量感的思维导图是在搭乘新干线的途中根据突然出现的灵感绘制而成的。

虽然长岛万记也参加过我的思维导图讲座，但最开始的时候她却因为一直对自己绘制的思维导图感觉不满意而非常苦恼。

本来她学习思维导图是为了"消除赛场中的烦恼"，但在绘制思维导图之后却没有发生任何变化。

即便如此，有预感只要坚持下去就会有结果的长岛万记还是继续绘制思维导图。

于是在前往比赛场的新干线上，改变她人生的思维导图就这样诞生了。

长岛万记发现这幅思维导图有一种与众不同的感觉，于是立刻拍了照片发给我。而我一看到这幅思维导图，立刻就意识到这和她之前绘制的思维导图完全不同，我甚至被感动得站了起来。

在这幅思维导图上充满了全新的"启发"，随处可见令人耳目一新的标记。

那一天，长岛万记战胜了实力远在她之上的对手，而这场比赛也在赛艇杂志"粉丝评选每月最佳比赛"的排行榜中名列第三。

在比赛之后的学习会上遇到她时，我特意询问了她画出这幅思维导图时的状况。她这样回答道：

"完全感觉不到时间的流逝。"
"注意力非常强。"
"非常享受绘画的过程。"

以此为契机，长岛万记开始将思维导图应用在愿景、工作、赛艇战术等各种事情上，并且成功地将自己的人生目标和赛艇比赛这项本职工作结合到了一起。
这也可以说是真正意义上的"人生价值"吧。

赛艇比赛被称为"生死攸关的体育项目"绝不是一种比喻。
在赛艇比赛中出现碰撞和翻船并因此而受伤的情况比比

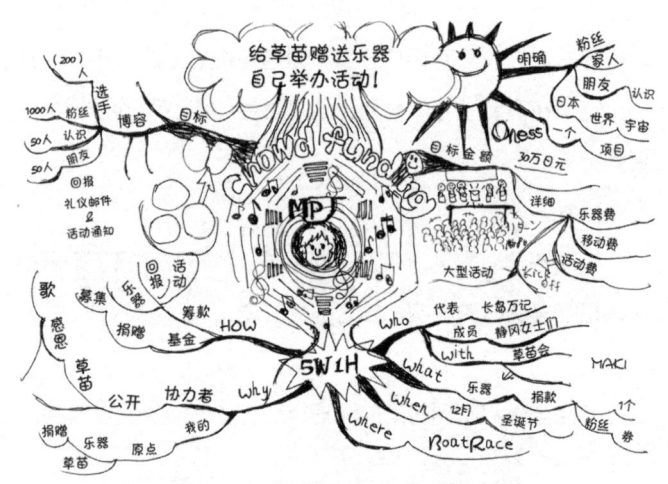

图 4-12 "万记项目"的思维导图

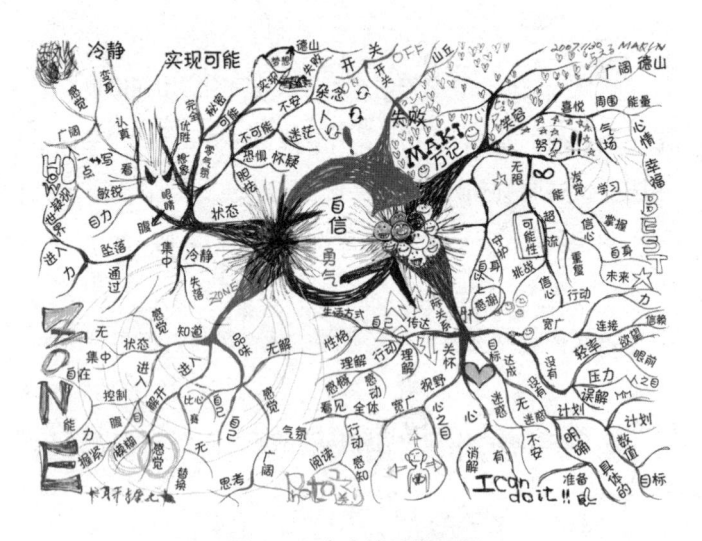

图 4-13 内省的思维导图

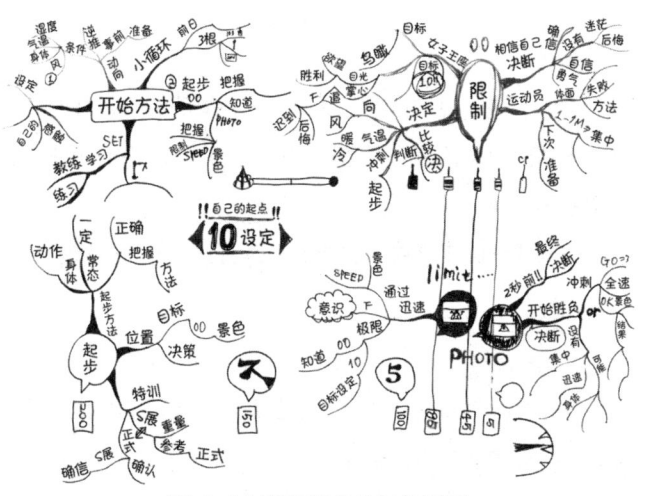

图 4-14 赛艇战术的思维导图

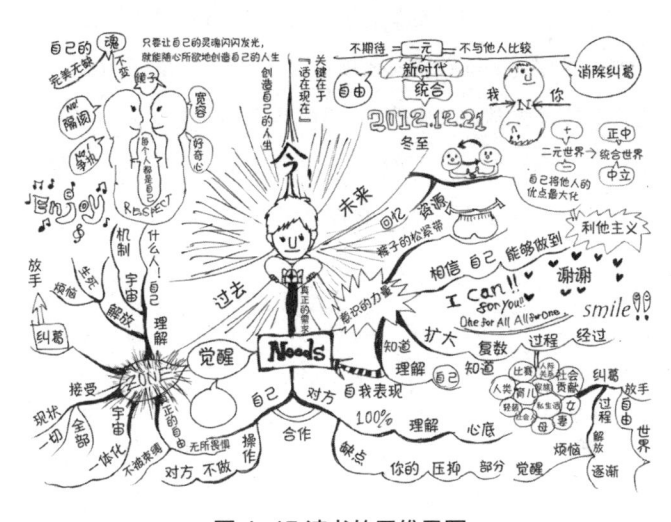

图 4-15 读书的思维导图

皆是。

因此,很多运动员会出现抗拒、畏缩的情绪,甚至因为比赛失败而自暴自弃。对选手们来说,调整自己的心理状态非常重要。

而养成绘制思维导图习惯的长岛万记,现在已经能够非常好地控制自己的情绪。

如今她经常面向心理出现问题的年轻选手举办思维导图讲座,并且邀请我担任讲师。

"我希望今后有更多的选手能够加入到'万记项目'之中来。希望他们能够通过在项目中学到的经验以及使用思维导图,降低比赛中的事故率,为粉丝们献上更加安全且充满激情的比赛。我希望能够将这样的活动坚持下去,并带给大家更多的感动。此外,我还希望能够不断地打破自身的极限。"

后 记

我在脑科学家茂木健一郎的演讲中听到过这样一番话：

"人类的大脑从本质上说，喜欢充满偶然性的人生。偶然性指的是有一部分在计划之中，但另一部分却是完全未知的（某种意义上可能会出现危险的状况）。

"但现在绝大多数的人都在尽可能地避免偶然性，追求在预先设定好的框架之中活动。这样的人生从脑科学的角度来说是非常枯燥和乏味的。"

本书介绍的利用思维导图实现自然思维模式的目的，就是让人生充满乐趣。

不追求"风平浪静的稳定人生"，而是"自信地面对偶然情况，让人生充满激情"，这意味着要从"思考的牢笼"

之中解放出来，充分地发挥出大脑的全部能力。

与逃避所有的挑战，在温室之中独自生存下去相比，敢于面对危险，与大家合作一起探险，才能更接近幸福的人生。

现在，很多人都在追求幸福的条件（金钱和地位），但这样来的"幸福"，会随着条件的消失而消失。因为这样的人将自己的存在依托于条件之上，当条件消失之后自然就会陷入自我否定的危机。

之所以有人在公司破产或考试失败之后一蹶不振，就是因为拥有这样的思考结构。

我认为真正幸福的生活方式是无条件地认可自己，选择自己能够接受的生活方式。

通过自然思维模式找到自己真正的幸福，选择适合自己的生活方式，就不会因为失败而一蹶不振。

我由衷地希望能够有更多的人掌握自然思维模式，大家一起创造一个充满共鸣型交流的社会。

内山雅人

2015年6月